Martin Oehring

# Der Weg nach Lobotschin

Gedichte

MARTIN OEHRING wurde 1928 in Berlin geboren. Er studierte Ökonomie, verstand sich später aber als Aussteiger und arbeitete als Heizer, Hausmeister, Nachtwächter und Schafhirte. 2020 starb er in Berlin.

Martin Oehring

# Der Weg nach Lobotschin

Gedichte

Herausgegeben und mit einem Nachwort versehen von Manuela Fuelle

Bibliografische Information der Deutschen Nationalbibliothek: Die Deutsche Nationalbibliothek verzeichnet diese Publikation in der Deutschen Nationalbibliografie; detaillierte bibliografische Daten sind im Internet über http://dnb.dnb.de abrufbar.


www.stifter-verlag.com

Korrektorat: Antigone Kiefner
Umschlagmotiv: Herman van der Weele (1852-1930)
Umschlag, Layout, Satz: Pauline Korn
Printed in Germany
ISBN 978-3-910227-02-6

# Gedichte 1984-1985

## Vertrauen

Würde ich dem Meer vertrauen,
seine Wogen würden mich tragen
in ein schöneres Land!
Doch zweifelnd stehe ich am Strand,
Sturm und Brandung zerstören meine Hütte.

*Paulshof, 23.06.84*

## Du

Hundertmal hast du mich verraten,
hundertmal hab ich dir verziehn.

Liebe darf nicht zu viel erwarten,
die Natur gibt dir ein andres Ziel.

Lehren wollt ich dich,
doch gelernt hab ich von dir.

Meines Lebens sanfte Stärke
gabst du mir.

*7.01.1985*

## Willenlos

Ich will nicht sorgen, will nicht tragen,
will nicht schaffen, auch nicht wagen,
will nicht lehren oder sagen,
auch nicht lernen oder fragen.

Tiefer Atem ist das Glück,
Mut erträgt auch Missgeschick.
Glaube schenkt der Seele Licht.
Dein Wort gilt, Herr, meines nicht.

*9.01.1985*

## Trauer

Wer kann den Schmerz ermessen,
für mich stirbt Tag und Zeit;
was ich als Glück besessen
ging hin zur Ewigkeit.

Nichts hören und nichts sehen,
wie eine Blume sein,
am Wegrand ruhig stehen
im milden Sonnenschein.

Der Vogel mit dunklen Schwingen
dort oben in Luft und Licht,
die Erde unter sich lassend -
warum bin ich das nicht?

Vergessen und vergeben,
von Schuld und Schmerz befrein
und hoffend wieder streben,
kann meine Rettung sein.

So wie sich Kinder freuen
und ihre Streiche machen,
will ich die Fehler reuen
und herzlich wieder lachen.

Lang Einsamkeit und Reue
bringt Dornenpfad zurück;
Vergangenem die Treue
vertreibt das neue Glück.

*22.01.1985*

## Vision

Ich hab Dein Reich gesehn,
sanft, strahlend und schön.

Voller Kraft, der Atem so tief,
als ich erwachte und halb noch schlief.

Sterne zerrinnen im Morgengrauen;
dem Tag entzieht sich der himmlische Traum

*23.01.1985*

## Versäumtes Glück

Ich habe was vergessen,
muss wohl nochmal zurück,
vor vielen, vielen Jahren,
versäumte ich mein Glück.

Am Anfang meiner Reise,
da war zu viel Gepäck,
ich wollte zügig wandern,
das Beste warf ich weg.

Und falsches Gold am Wege,
das packte ich mir ein,
dachte in meiner Torheit,
es würde nützlich sein.

Nun ist die Fahrt zu Ende,
erst jetzt komm ich zur Ruh,
und was ich einst vergessen,
ach Mädel, das warst Du.

*25.01.1985*

## Hausherr

Wer hat mich falschen Stolz gelehrt,
als Deutscher hätt ich hohen Wert;
was sind Franzosen, Russen, Polen,
die wird gar bald der Teufel holen!

Grad so wie adeliges Blut
Gesinde, Länderei und Gut
den Erben in den Schoß gelegt,
bevor sie eine Hand geregt.

Genauso wollt ich Deutscher sein
mit bessrem Wesen, frommem Schein
durch die Geburt her eingegeben,
vom Schicksal, weil ich Deutscher eben.

Denn wer mit blondem Schopf geboren,
der sei zur Führung auserkoren;
schon immer gäb es Herr und Knecht,
die Welt sei hart, jedoch gerecht!

Weil Größenwahn nicht dauern kann,
fällt mich der Katzenjammer an:
Die Extrawurst, die mir bemessen,
wird nun von anderen gegessen.

Das ist Betrug, das kann nicht gelten!
Doch darf ich laut nicht einmal schelten,
denn neues Recht hat man verkündet,
Deutsche mit jedermann verbündet.

Wer einst nicht konnt das Wasser reichen,
der zählt nunmehr als meinesgleichen;
wer meinen Thron so grob zerschlagen,
dem soll ich mich als Freund vertragen.

In meinem Garten, meinem Haus
gehn Freunde täglich ein und aus:
„Wir sind jetzt deine Freunde eben,
da dürfen wir uns doch was nehmen!“

„Ihr nistet euch wohl bei mir ein,
und ich darf euer Diener sein;
versorge euch mit Speis und Trank
und warte auf des Himmels Dank?“

„Bleib ruhig, Kleiner, weine nicht,
denn siehe, wir beschützen dich;
du wirst bedroht von deinesgleichen,
drum können wir nicht von dir weichen.

Alleine kannst du noch nicht gehn,
wir lassen dich nicht einfach stehn,
du schaffst für uns und wir für dich,
dabei behindern wir uns nicht.“

Die rechte Freud ist mir genommen,
so werden Haus und Hof verkommen,
wo andre schalten, andre tun,
ist's für mich besser abzuruhn.

Mit lautem Ruf „Gemeinschaft gilt!“
ein jeder sich die Taschen füllt;
reichts nicht, den Haufen zu versorgen,
muss die Regierung etwas borgen.

Was nützt die Freude am Erkennen?
Das Kind beim rechten Namen nennen,
fiele mir besser niemals ein,
denn dafür bin ich doch zu klein.
Was Ordnung ist und was Chaos,
bestimmt höhere Fügung bloß.

Solang Gott lebt, ist nichts verloren,
nun sind die Sieger auserkoren,
das Rad der Welt voran zu drehn,
bis es einst auch um sie geschehn.

Bleibt nur mit Goethe abzuschließen,
Öl auch ins Feuer noch zu gießen,
der spricht: „Denn alles, was besteht,
ist wert, dass es zugrunde geht."

Indes ein höhrer Sinn wird sein,
wo Gott erkennt, bin ich zu klein:
Durch Schwere hat des Schicksals Macht
ein Volk oft stärker nur gemacht.

So dürfen wir getrost vertrauen
auf eine neue Zukunft bauen:
Gemeinsamkeit ist festes Band,
dass allzeit rechte Wege fand!

*Paulshof/ 27.01.1985*

## Deutsche Krankheit

Ich hab die deutsche Krankheit,
ich will der Größte sein,
mehr als mein Nachbar gelten,
Bessres fällt mir nicht ein.

Ich kann mich nicht begnügen
mit dem, was ich schon hab,
muss immer weiter raffen
und strampele mich ab.

Schon droht ein schlimmes Stadium,
ich will mehr als ich kann;
bin immer unzufrieden,
das greift die Nerven an.

Darf keine Ruhe finden
an nem gelungnen Stück,
muss immer weiter schinden,
sonst bleibe ich zurück.

Doch hat mein Nachbar Sorgen
und geht er fast schon drauf,
da gönn ich mir ne Pause
und atme erst mal auf.

Es gibt noch viel Symptome
kein Arzt mir helfen kann:
die Krankheit, sie ist erblich,
die Krankheit, sie steckt an.

Der Deutsche ward zum Knecht
sein Land hat man zerteilt,
jedoch die deutsche Krankheit
sie ist noch nicht geheilt.

*1.02.1985*

## Die alte Lokomotive

Noch steht die Lok'motive,
wo sie einst Dampf gemacht,
ihr Platz nah bei den andern
wird immer mitbewacht.

Was wird mit ihr geschehen,
kommt sie aufs Abstellgleis?
Zwar ist sie hoch an Jahren,
doch lange noch kein Greis.

Was konnte sie einst ziehen,
kein Zug war ihr zu schwer,
Tag und Nacht kein Weg zu weit,
sie wollte immer mehr!

Wie konnte sie einst stampfen,
voll Lust und voller Schweiß;
die Glut in ihrem Innern
machte sie wild und heiß.

Ungeduldig beim Warten,
wenn das Signal nicht kam,
dröhnendes Donnerrufen:
„Gebt endlich freie Bahn!"

Wenn junge Leute beim Abschied
gescherzet und gelacht,
auch Menschen sich wiedertrafen,
das hat sie froh gemacht.

Ehrfurchtsvolles Staunen
galt ihr von Kind und Mann,
doch gab sie warnendes Zischen,
trat jemand zu nah heran.

Die wenigen ruhigen Tage,
die Tage im Sonnenlicht,
die Tage der Erholung,
sie zählten bei ihr nicht.

Doch draußen auf der Strecke,
da war die Welt so weit,
manch Mädel mochte winken,
s'war eine schöne Zeit.

Vorn stehn jetzt neue Maschinen,
kaum alte Freunde mehr,
sie selbst ist nicht im Einsatz,
ihr Atem geht zu schwer.

Doch aus den fleißigen Jahren
ist ihr ein Stolz erwacht:
Was sie schon weggezogen,
hat keiner nachgemacht.

*2.02.1985*

## Wotans Reich

Ein Ur Germane zog durchs Land,
als ich bei meinen Schafen stand;
zu Ross, ein Held in voller Wehr
mit Schwert und Rüstung, Schild und Speer.

Mein Staunen rasch Erklärung fand:
ihn hat Walhalla ausgesandt.
Dort sorgt man sich, ob Stolz und Ehr
im deutschen Land vergessen wär.

Bericht gab mir der wackre Mann,
wie in Walhall man leben kann;
so wie die Sage uns gibt Kunde,
hält Wotan dort erlesne Runde.

Die Helden trinken Met statt Wein
im fröhlichen Beisammensein,
erzählen und singen ohne Zagen
von vergangenen Kampfestagen.

Jedoch, die Stimmung beginne zu bleichen,
es fehle an neuen beherzten Streichen;
schon spricht man, dass wir hier als Erben
deutsche Tugend und Sitten verderben.

Was brachten Walküren zu Pferd all die Jahr
an treuen Helden Walhalla dar;
da gab es Lärmen und viel Freud,
so war es die ganze vergangene Zeit.

Von trüglicher Freundschaft jetzt viel geschwätzt,
manch Feigling gar seine Zunge wetzt.
Was nutzt's ihm, läuft seine Zeit erst ab,
bei Hel nur fürchtet schmähliches Grab.

Hel, die Göttin der Unterwelt, hat
ihr Reich nicht zum Besten bestellt:
Dort ist's stockfinster, ein stickiges Sein,
nicht Licht noch Luft, kein Sonnenschein.

Kein fröhliches Lachen, nicht Weib und Gesang,
nur Jammern und Klagen die Ewigkeit lang;
dazu noch Frösteln, beklommenes Herz
und von der Feuchtigkeit Lungenschmerz.

Gäbs Schwertkampf nicht mehr, 's ging noch eben,
wo aber bliebe männliches Streben:
Aufrechtes Wesen, furchtloser Blick,
fester Schritt, kein schwankend Zurück?

Stattdessen ist da viel Leisetreten,
Zaudern und Zagen, Bitten und Beten.
Unterwürfigkeit übt man jetzt gern,
so wie der Hund umwedelt den Herrn.

Wo steckt das deutsche Kämpferherz,
das überwindet des Lebens Schmerz?
„Und setzt ihr nicht das Leben ein,
nie wird euch das Leben gewonnen sein!"

Was ist aus der deutschen Frau geworden?
Die Treue der Nacht erlischt schon am Morgen.
Letzter Schleier wird abgetan,
wenn es der Karriere nützen kann.

Gleichberechtigung soll das nun heißen,
die Frau will dem Mann die Führung entreißen?
Hat sie's geschafft, was ist da gewonnen;
schnell ist das Glück für die Kinder zerronnen.

Viel hat der Alte noch sagen wollen;
auf einmal hör ich Donars Grollen.
Schon fährt das Himmelsgespann hernieder
und holt sich den wackeren Streiter wieder.

Ich ruf zum Abschied: „Du Recke, hab Dank,
will es bewahren mein Leben lang."
Pferd und Reiter entschweben sogleich,
der Donnergott hebt sie in Wotans Reich.

Nachtens darauf geschah mir ein Traum,
ich saß zu Pferde mit schimmerndem Zaum.
Eine prächtige Heerschar zog heran,
der Recke aus Walhall sprach mich an:

„Fürchte dich nicht, Geleit wir dir geben;
wir alle haben ewiges Leben.
Führt uns ein mutger Sterblicher an,
kein Gegner ihn bezwingen kann."

Fühle ich in mir das Blut der Ahnen,
höre ich Stimmen, die mich ermahnen:
„Mut nur bringt dir Freude und Glück,
Kraft und Hoffnung kehren zurück.“

*6.02.1985*

## Winter

Verwunschenes Leben
duldet ergeben, euch,
Stürme der Winterzeit.
Braust euer Heer
über Land und Meer,
herrscht ihr im weißen Kleid.

Unendliche Weiten,
urdenkliche Zeiten
reicht eure Macht.
Kristallner Schimmer,
samtweißer Flimmer,
eisige Pracht.
Menschen bitten
in ihren Hütten,
geben jetzt Ruh.
Einsamen Wandersmann,
der nicht mehr weiter kann,
decket ihr zu.

Erst wenn die Sonne steigt,
Strahlen mit Wärme zeigt,

zwingt es euch nieder.
Zieht ihr dann endlich fort,
bleibt euer Abschiedswort:
„Wir kommen wieder!"

*07.02.1985*

## Meine Tat

Wollte mit dir gehen,
bin doch hiergeblieben;
wollte Schuld gestehn,
habe nur geschwiegen.

Wollte Schmerz vergeben,
tat mich aber rächen;
wollte mit dir leben,
Treue tat ich brechen.

Guter Wille ist mein Rat,
böser Dämon meine Tat.

*11.02.1985*

## Allein

Ich wollte nicht stören,
das bringt nichts ein.
Hab wohl gelernt,
allein zu sein.

Bin ich allein,
weil ich bei dir
verbunden mit allem,
was schadet's mir?

*13.02.1985*

## Sommervolk

Wie's scheint seid ihr ein Sommervolk,
da pickt und scharrt ihr wohl für zwei,
als ob ihr euch beweisen wollt,
gebt Tag um Tag ein Ei.

Doch kommt die kalte Jahreszeit,
sitzt ihr nur auf der Stange;
was nutzt ein warmes Federkleid,
der Winter macht euch Bange.

Weit, irgendwo im Süden,
mag eure Heimat sein,
da wolltet ihr wohl brüten,
die lieben Kückelein.

Einst konntet ihr erleben,
was einer Mutter Glück;
vielleicht in dunklen Tagen,
denkt ihr daran zurück.

Ein stolzer Hahn mit lautem Krähn
hat euch seit je beschützt,

doch sollt es ihm entgangen sein,
wenn man euch ausgenützt?

Die Sonne dieser Erde,
die freien Menschen lacht,
sie hat mit ihrer Wärme
zugleich an euch gedacht.

Wer Frieden trägt im Herzen,
mag niemand leiden sehn,
fühlt mit bei stillen Schmerzen,
als könnt er euch verstehn.

15.02.1985

## Satans Macht

Gib acht, der Teufel mischt die Karten!
Brauchst nicht die Hölle abzuwarten,
denn schon auf diesem Erdenrund
hält Satan einen festen Bund:

Bei ihm zur Linken wie zur Rechten
steht eine Schar von Henkersknechten,
ein Schaffensteufel vornean,
wie schlimmer man nicht denken kann.

Verspricht den Leuten reichen Lohn,
im Innern aber lacht er schon,
versteckt auch tückisch sein Gesicht,
denn glücklich machen kann er nicht.

Wer blind zu eignem Vorteil schafft,
dem nimmt er bald die Lebenskraft,
so will er denn betrügen nur
und leiten auf die falsche Spur.

Der Böse ist schwer zu erkennen,
lässt sich nicht gern beim Namen nennen,
doch wohnt er mit im eignen Haus,
geht täglich mit dir ein und aus.

Als Erstes muss ich mich bekehren,
er mag nichts von Gemeinschaft hören,
schon dieses Wort ist ihm ein Greul,
gleich hört man drauf ein Wutgeheul.

Alldort, wo Menschen sich verstehn,
vermag er Zwietracht nicht zu sähn,
wo Freunde sich zusammenfinden,
stiehlt er sich fort mit seinen Sünden,
und wenn zwei Herzen sich begegnen,
tut's ihm die Stimmung arg verregnen.

Ist so für ihn nichts auszurichten,
verzagt der Bösewicht mitnichten,
er schickt zu dir nur allzu bald
sein' Knecht in anderer Gestalt:
als schöne sündenvolle Maid,
kommt auf dich zu, die Heimlichkeit.

Die Liebe braucht es nicht zu wissen,
will ich mal eine andre küssen;

schon hab das Beste ich verraten,
und Satan wittert fetten Braten.

Am falschen Spiel find ich Gefallen,
es bringt mein Blut erst recht zum Wallen;
um zu verstricken mich in Sünden,
lässt er mich Leidenschaft empfinden.

Bald lieg ich fest in seinen Schlingen,
das Glück kann ich nicht mehr erringen,
denn er tauscht meine Seele aus,
gibt dafür bösen Sinnenrausch.

Davon kann ich bald nicht mehr lassen,
lerne am End mich selbst zu hassen;
um mein Gewissen zu betören,
gibt er mir Freude am Zerstören.

Wer sein und andrer Glück zerstört,
hat Satan schon die Treu geschwört,
irrt nur noch als sein Knecht umher
und findet keine Ruhe mehr;
die Angst der unglücksvolle Rabe,
krächzt nachts bei ihm wie auch am Tage.

Ist die Verdammnis ewiglich,
gibt's daraus denn Errettung nicht?
Hat Satan eine Seel gestohlen,
kann man sie schwer nur wiederholen;

für Umkehr ist der Mensch zu klein,

die Hilfe muss viel größer sein.
Zwei nur bezwingen solche Not,
die Wahl heißt: Herrgott oder Tod.

Doch dieser Kampf und seine Mittel
sei erst ein späteres Kapitel.
Zunächst mal stehet vorne an,
was Satan noch bewirken kann.

Beim Menschen, der die Seel verlor,
tritt Verfall deutlich nun hervor;
ohn rechte Freud zum Weiterleben
erlöscht bei ihm das höhre Streben

Im Innern fühlt er sich nicht wohl,
greift häufig drum zum Alkohol,
manch Laster nimmt er zum Pläsier,
dem er sich hingibt wie ein Tier.

Den einen machen Weiber toll,
der andre säuft den Schlund sich voll,
ein dritter frisst nur zum Vergnügen,
der vierte bleibt vor Faulheit liegen,

ein fünfter möchte endlos schaffen
und viel Besitz zusammenraffen,
der sechste, Wissensdrang besessen,
hat längst schon Frau und Kind vergessen.

Wie diese Geister sichtbar bleiben,
gibt's andre, die's im Dunkel treiben:

Um seine Mängel zu verdecken,
spielt dieser hier den Modegecken.
Und jener dort in schlichter Tracht
heuchelt nur Armut mit Bedacht.
Auch sündigt, wer beklagt sein Leid
in lebenslangem Trauerkleid.

Mancher voll Geiz an Kopf und Leib
schenkt seine Liebe nicht dem Weib,
macht Onanie zum Zeitvertreib;
gar viele auch, vom Glück vergessen,
hat Neid und Missgunst angefressen.

Und bildet sich da jemand ein,
besser als andere zu sein,
der Böse hat es gleich gesehn
gibt seinen Helfern zu verstehn:

„Hier, waltet eurer Teufelspflichten,
auf Hochmut soll man nicht verzichten!"

Denn diese Schwäche, anfangs klein,
lädt gern sich böse Freunde ein,
die toben bald im ganzen Haus,
räumen dem Wirt die Bude aus.

Sogar politische Parolen
nutzt Satan witzig und verstohlen:
Teilt Dumme in verschiedene Haufen,
lässt sie dann miteinander raufen,
hat Mächtge, die versprechen Frieden,

um heimlich Waffen neu zu schmieden.

Gleichviel, wer an der Seele krank,
hastet die Lebensstraße lang,
wird mitleidlos, obschon verletzt,
von wilder Meute fortgehetzt.

Unzählig ist die Schar der Geister,
und Satan ist ihr aller Meister,
nennt sich mit Recht der Fürst der Welt,
hat Angst und Ärgernis bestellt.

Die Erde gleicht dem Jammertal,
wo Zank und Streit ist überall;
ich sah die Stadt, ich ging aufs Land,
sein Treiben überall ich fand.

Soll ich in Einsamkeit entweichen,
im Fahrtwind meine Segel streichen,
soll ich die Menschen deshalb fliehn,
auf eine ferne Insel ziehn?

Satan hat Augen überall
und brächte mich gar bald zu Fall;
kein Mensch, der recht bei seinen Sinnen,
kann diesem Bösewicht entrinnen.

Würd ich auch in der Einöd weilen,
viel Unheil kann mich dort ereilen;
würde wohl um die Freunde trauern,
am Ende noch mich selbst bedauern.

Dann hätt der Böse leichtes Spiel
und käme doppelt schnell zum Ziel,
denn seine Absicht ohne Säumen
ist's andre aus dem Weg zu räumen.

Viel besser, als davonzugehen,
wäre Satan zu widerstehen!

Fänd ich nur eine Arzenei,
dass es mit seinem Spiel vorbei,
könnt mich und andere befrein
und wieder froh und glücklich sein.

25.02.1985

## Wiedersehen mit Ulli

Gemeinsamkeit uns früh verband,
als Jungs erforschten wir das Land,
es führt' uns in die Lebenswelt,
doch ungleich war das Glück bestellt.

Du hattest heiteres Gemüt,
was dir gelang, bei mir missriet;
ein stetes Streben war dir eigen,
bei mir war Trägheit bald, bald Übertreiben.

Dass jeder seinen Weg muss gehen,
wollte ich lange nicht verstehen;
zürnte dem Schicksal gar,
dass es mich schuf, so wie ich war.

Statt froh wie andere zu sein,
zog dunkle Stimmung bei mir ein;
gewaltsam wollt ich mich beweisen,
griff dabei oft in heißes Eisen.
Mein Weg war wen'ger ein Bewähren,
als vielmehr Hefe abzuklären.

Nach Jahr und Jahr treff ich dich wieder,
Erinnerung weckt frohe Lieder.
Doch dann aus des Verstandes Reich,
trifft mich ein strafender Vergleich.

Ich hab versucht, das Glück zu fassen,
musst mich bald wieder scheiden lassen;
du hast ein holdes Weib geworben
und bist in Zweisamkeit geborgen.

Du bist ein ehrenwerter Mann,
der im Beruf was leisten kann;
ich hab mein Pulver schon verschossen
und reiße nur noch meine Possen.

Erfolgreich oder armer Tropf
Gevatter tut's in einen Topf.
Geht dieser Weg für uns vorbei
ist es am Ende einerlei.
So lass uns miteinander zechen,
viel von vergangnen Tagen sprechen.
Dein Glück soll uns viel Freude machen
und meine Torheit lässt uns lachen.

27.02.1985

## Mein Weg

Ich weiß, dass ich geboren bin,
doch geb ich mich dem Zweifel hin,
ob hier mein Treiben auf der Erde
zu einem rechten Zwecke werde.

Es widerstrebt mir mit dem Haufen
nur den Parolen nachzulaufen,
zumal mich die Erfahrung lehrt,
wer nachmacht, macht etwas verkehrt.

So halt ich mich zunächst daran,
dass man sich selbst beweisen kann:
um zu erreichen lichte Höhn,
muss ich durch wilde Schluchten gehn.

Zuerst den heißen Durst erfahren,
sich dann an kühlen Quellen laben;
in dürrer Einöd elend schmachten,
lehrt mich den klaren Quell zu achten,
der Erde innig sich ergeben,
lehrt schwerelos darüber schweben.

Noch wichtiger als Mühe Last
gilt: immer mutig aufgepasst!
Selbst Dornenpfad voranzuschreiten
darf mich zu Trübsal nicht verleiten;

denn wär mein Auge blind vor Sorgen,
blieb ein Geheimnis mir verborgen;

kann ich sein Rätsel nicht verstehn,
muss ich den Weg noch einmal gehen.

Ganz plötzlich steht vor mir Gestrüpp,
die Axt vergaß ich weit zurück;
das Tor zu schönem Märchenland
nur öffnet, wer den Schlüssel fand.

Ein listger Knecht der Unterwelt
ist meiner Reise beigesellt,
versuchet mit verborgnen Schlingen,
mich hinterrücks zu Fall zu bringen,

den rechten Pfad vorn abzusperren,
auf Seitenwege mich zu zerren,
mit falschen Wünschen mich zu foppen,
durch Irrlicht in den Sumpf zu locken.

So fehlt es nicht an Abenteuern
mit Geistern, Zwergen, Ungeheuern,
allein konnt ich mich nicht bewahren,
hab gute Hilfe wohl erfahren.

Doch fragt ihr nun: was schwätzt er viel,
folgt nicht der Weg dem hohen Ziel?
Bestandne Probe gibt die Kraft,
die auf der nächsten Strecke schafft.

Am Anfang fehlt noch klare Sicht,
vom Dunkel führt ein Weg zum Licht,
vermag doch alles nicht zu wagen,

Erkenntnis erst kann Zukunft tragen.

Doch wo ich Freude aufgenommen,
ist sie zu Herzen wohl gekommen,
begleitet mich auf Schritt und Tritt,
leuchtet bei meiner Reise mit.

28.02.1985

## Der Weg nach Lobotschin

Auf breiter Straße geht's voran,
solang man kräftig schreiten kann;
so zieh ich viele Jahre hin,
und niemals kommt mir in den Sinn,
das Wanderleben aufzugeben,
gesetzte Ruhe anzustreben.

Bei meiner Rast am Wegesrand,
stütze den Kopf wohl mit der Hand,
lasse so die Gedanken fliegen,
seh dort ein altes Wegschild liegen:
Es rahmen zarte Blumen ein,
als sollte es geschmücket sein.

Voll Neugier bücke ich mich hin,
entziffere dann „Lobotschin";
die Wanderkarte in der Hand,
die viele Wege zeigt ins Land,
trug diesen Ort jedoch nicht ein,

sollte er wohl vergessen sein?

Auch bin ich mir im Zweifel gar,
ob früher hier ein Abzweig war;
bog einst ein Wanderpfad hier ein,
führte entlang am Wiesenrain?
Dort drüben fließt wohl auch ein Bach,
kommt man zu jenem Wald hernach?

Was wird aus meinem Tagesziel,
vertrödele ich Zeit hier viel?
Doch eine Stimme flüstert heiter:
„Such diesen kleinen Pfad hier weiter!
Die große Strecke bringt nichts ein,
es muss erst mal Besinnung sein!"

Den Beutel nehme ich und Stab,
erhebe mich noch etwas schwach,
doch schon lauf ich auf weichem Rasen,
die Müdigkeit scheint fortgeblasen,
der Lärm der Straße bleibt zurück
und es umfängt mich Wanderglück.

Als wär ich von viel Last befreit,
steigt in mir frohe Heiterkeit,
die ganzen Wolken sind vorüber
und lichte Sonne schaut hernieder,
ich lausche nach den Bienen hin,
ein altes Lied kommt in den Sinn.

Grad buddelt sich ein Maulwurf ein,

ich hör sein Wort: „Dies ist hier mein!"
Die Steine zeigen rundes Lachen,
als wollten sie mir Freude machen,
und alles spricht zu mir: "Seit langem
ist keiner diesen Weg gegangen."

Am muntren Quell lass ich mich nieder,
hurra, die Ruhe hat mich wieder,
als hätte ich jetzt sehr viel Zeit,
mach ich jetzt meine Decke breit,
streif auch die Stiefel von den Füßen,
vermag Entspannung zu genießen.

Die Augen zu, so kann ich lauschen,
hör Käfer brummen, Wasser rauschen
was bin ich schon herumgerannt,
nun endlich doch im Wunderland,
wo Mutter Erde mich versteht,
mein Pulsschlag mit dem ihren geht.

Nicht lang, da hab ich reichen Lohn:
Bin ich hier in dem Dorfe schon?
Seh Kinder spielen bei den Eichen,
beschäftgen sich mit kleinen Streichen,
und Ältre bei der Kirche stehn;
die Glocken läuten wunderschön.

Am Teiche sich die Enten baden,
denn Sauberkeit kann niemals schaden,
und Pferde an der Schmiede stehn,
das Feuer braucht nicht auszugehn.

Ein heubeladner Erntewagen
bringt Duft von hellen Sommertagen
und Jugend tanzt am Maienbaum,
da werd ich wach: o welch ein Traum!

Der Schlaf hat wunderbar erquickt,
mich in Erwartung schon verstrickt;
begierig nun auf neue Taten,
werd ich gleich durch das Bächlein waten.
Hier war wohl früher auch ein Steg,
sein morsches Brett verrät den Weg.

Gestärkt von aufgenommner Kraft,
wird weitre Wegstreck leicht geschafft;
was als ein Pfad sich gibt zu finden,
wird sich zum Wald hinüber winden.
Zwei Schwäne ziehen hier vorbei,
mit ihnen fliegt mein Freudenschrei.

Bald trete ich in Tannenhain
und Geisterrauschen hüllt mich ein,
doch Gräser sanft die Halme neigen,
mir freundliches Geleit zu zeigen.

Ein Kind darf ich jetzt wieder sein,
bin hier mit Riesen ganz allein,
höre geheimnisvolles Raunen,
darf wieder bangen, wieder staunen,
und wie auf weichem Teppich dann
geht meine Wanderung voran.

Ein Pilz hat sich hier aufgestellt,
der Schirm ist seine kleine Welt;
sein Zeichen hat er nicht vergessen:
„Nimm mich doch mit, mich kannst du essen!"

Die Vögel fliegen hin und her,
weil ich ein wichtger Gast wohl wär,
schnell tragen sie die neue Kunde
im Fluge hier von Mund zu Munde.
Manch Tierlein muss um Freiheit sorgen,
hält sich in dichtem Holz verborgen,
ich höre plötzlich lautes Knacken,
ein Rehlein springt und zeigt die Hacken.

Tief geht es in den Wald hinein,
viel bleibt hier nicht vom Sonnenschein;
ein Strahl noch durch die Zweige bricht,
trägt bis zum Boden etwas Licht.
Ach Schnecke, Wanderkamerad,
dass du so langsam bist, ist schad;
gern würde ich bei dir verweilen,
könntst du mit mir dein Häuslein teilen.

Der Weg ist gar nicht mehr zu sehn,
durchs Dickicht glaubt man eh'r zu gehen;
Der Boden wuchernd und nicht eben,
die Füße muss man richtig heben,
nur an der Schneise lässt sich ahnen,
den rechten Pfad sich hier zu bahnen.

Die hohen stolzen Wipfel schweigen,

erwartungsvoll zum Himmel zeigen,
und eine Lichtung tritt hervor,
öffnet das Dickicht wie ein Tor.

Zu Ende scheint das Tannenreich,
denn flache Heide zeigt sich gleich,
vereinzelt Birken, dort ein Tümpel,
zerfallen Haus wie alt Gerümpel,
und seitwärts wie vom Wald verdeckt,
zwei saubre Hütten, ganz versteckt.

Ein Fräulein seh ich Wasser tragen,
sie wird den rechten Weg mir sagen.
Schon guckt sie her, ich frage hin:
„Wo geht es hier nach Lobotschin?"
„Ach, mein Herrjeh, was wollt Ihr dort,
Ihr seid schon hier, das ist der Ort!"

Nun, ich vertrau ihr mein Begehr,
dass ich auf weiter Reise wär,
sucht manche Jahre schon mein Glück,
sehnte nach Ruhe mich zurück,
fand auch ein altes Schild im Sand,
träumte von einem Wunderland.

Sie meint, wir könnten uns ja setzen,
von früher miteinander schwätzen,
durch Mutter wisse sie genau,
die hier gelebt als junge Frau.
„Was Ihr geträumt, ist lange her
und nichts davon zu sehen mehr.

Am Schilf dort, das war unser Teich,
dient wilden Enten jetzt als Reich;
wo damals noch die Kirche stand,
findet Ruinen Ihr im Sand;
bei Eichen haben wir gesungen,
jetzt ist der Wald hier vorgedrungen.

Wo Ihr nun seht das Heidekraut,
war einst die Schmiede hingebaut;
Großvater ist schon tot seit Jahren,
das Mauerwerk ist abgetragen,
und hinten bei dem Weideland,
die Scheune, sie ist abgebrannt.

Manch Häuslein ist zusammgefallen,
drei sind geblieben noch von allen.
So lässt die Erde gar nichts stehn,
soll alles wieder zu ihr gehn.
Mit Vater bin ich hier allein,
bald wird gar niemand mehr hier sein."

Wie sie erzählt mit blonden Haaren,
scheint alles wieder wie vor Jahren,
ihr fröhlich klarer Mädchenblick
bringt frühres Leben gleich zurück.
Jetzt wollen wir noch Vater sehn,
vielleicht lernt man sich gut verstehn.

Der Vater hat nicht stillgesessen,
drin steht ein fertig Mittagessen;
ob er es am Gesicht mir sieht,

ich habe mächtgen Appetit,
denn freundlich bittet er mich rein,
zum Essen heut sein Gast zu sein.

Gut sitzt man an dem Bauerntisch,
es duftet nach gebratnem Fisch,
frisches Gemüse aus dem Garten,
dem Gast bleibt keine Zeit zum Warten.
Kartoffel reichlich und auch Kohl,
das tut dem Magen richtig wohl,
auch Malzkaffee genießt man dann,
damit der Fisch gut schwimmen kann.

Ich fühl mich beinah schon geborgen,
zumindest ledig aller Sorgen,
mit Menschen, die den Frieden haben,
werd ich mich sicherlich vertragen.
Der Vater schmunzelt erst verstohlen,
nimmt dann das Wort ganz unverhohlen:

„Uns fehlt die Jugend hier am Ort,
gar mancher zog von hier schon fort.
Im andern Dorf ist LPG,
wer Arbeit sucht, braucht dort die Näh.
Trotzdem sind wir noch hiergeblieben,
weil wir das Fleckchen Erde lieben."

2.03.1985

## Erste Wärmestrahlen

Nach vielen dunklen Wintertagen,
die mich bald ließen schon verzagen,
da brauch ich Luft und brauche Licht;
in meiner Hütte hält's mich nicht;
drum setze ich mich vor die Tür,
im Sonnenschein gefällt es mir.

Die Hühner, die mich hier umgeben,
beginnen wieder aufzuleben;
Geselligkeit ist ihnen eigen,
der Hahn liebt prächtig sich zu zeigen;
ein Scharren hier, ein Picken dort,
dann laufen sie ein Stückchen fort.

Vom Tier kann man die Ruhe lernen,
ein Kätzchen kommt, sich zu erwärmen,
und es empfindet, so wie ich,
die ersten Strahlen wonniglich.

Mein Aug hat Schönes aufgenommen,
lässt Mängel auch zu Worte kommen:
Hof und Gerät vom Schnee entkleidet,
mir diesen Anblick keiner neidet;
bei Glätte mochte man nicht laufen,
so liegt gar manches auf dem Haufen,
was da und dort wohl hingehört,
hier aber sehr die Ordnung stört.

Der Zaun hat etwas abbekommen,

ihm wurde manches Brett genommen,
und in den sturmbewegten Tagen
hat Ziegel es vom Dach getragen;
das Ärgste aber doch von allem:
die Scheune ist zusamm'gefallen,
die Balken liegen schon seit Wochen,
von Altersschwäche durchgebrochen.

Soll ich mich nun gleich wieder recken,
die Hände nach der Arbeit strecken?
Nein, fällt mir nicht im Traume ein,
es muss auch einmal Pause sein!
Wenn mir Besinnlichkeit gegeben
darf ich mit Freude sie erleben,
schöpf aus ihr neue Kräfte auch,
die ich in meinen Jahren brauch.

4.03.1985

## Streit

Der Hund an seiner Kette,
die Gänseschar, die fette,
bekriegen sich, ob früh, ob spät,
wem wohl der erste Rang zusteht.

Der Hund bellt laut: „Hier bin ich, Herr!"
Die Gänse schnattern: „Wir sind mehr!"
Darauf der Hund: „Ich werd euch kriegen!"
Die Gänse dann: „Wir können fliegen!"
„Ich bringe euch ein frühes Grab!"

„Wir beißen dir die Eier ab!“
Jetzt will der Hund eine erwischen
vom Ganter hört man wildes Zischen.

Ihr Lärm will nimmermehr verstummen,
es ist der ewige Streit der Dummen.
Doch würden sie den Hausherrn fragen:
„Wer auf dem Hof hat mehr zu sagen?“
Er würde zu verstehen geben:
„Sollt friedlich beieinander leben!“

14.03.1985

## Satans Dank

Wenn man in Satans Diensten steht,
die Woche wie ein Tag vergeht;
bleibt keine Stunde zum Besinnen,
so läuft das Leben schnell von hinnen;
das Alter naht lang vor der Zeit,
der Sensemann hält sich bereit.
Die besten Jahre sind vergangen,
vorm Tode fängt mir an zu bangen.

Die Kräfte haben abgenommen,
ich bin recht auf den Hund gekommen;
das Treppensteigen fällt mir schwer,
der Atem will nicht richtig mehr;
mal zwickt es hier, mal sticht es dort,
und Krankheit gibt's in einem fort.

Kann mich auch nicht mehr richtig bücken,
die Beine steif und auch der Rücken;
schwer tragen ist nicht mehr zu denken,
denn Knie und Kreuz drohn zu verrenken.
Drückt Frost die Temperatur herab,
friert es mir fast die Füße ab.

Am schlimmsten geht es meinem Magen,
kann kräftge Speisen nicht vertragen,
ess Grütze viel und trocken Brot
für die Bekömmnis, nicht aus Not.

Die Stirn von Argwohn liegt in Falten,
die Hand kann nur die Flasche halten.
An Arbeit ist nicht mehr zu denken,
leb davon, was mir andre schenken.

Inwendig bin ich auch zerschlissen
wie ein zerfranstes Sofakissen,
von Leidenschaften abgehetzt,
wie eine Jacke durchgewetzt.
Von Weib und Kind schon lang geschieden,
von Nachbarn, Freunden auch gemieden,
um nicht ganz ohne Trost zu sein,
sperr ich mir treue Tiere ein.

Kein Funken Glück konnt ich erhaschen,
steh jetzt am End mit leeren Taschen
fühle mich darum echt belogen,
von Satan schändlich auch betrogen.
Ich bin enttäuscht! Wo ist mein Lohn?

Treu dient ich dir seit langem schon.
Stand auch nicht unten bei dir an,
hielt stets mich bei den Vordern ran.

Schon damals noch in jungen Tagen
beim Sport konnt ich Medaillen jagen;
Freundschaft gedacht ich nicht zu wecken,
mein Name sollte oben stecken!
Beruflich mocht ich's nicht ertragen,
wollten andre mir was sagen.
Glaubte stets im Recht zu sein,
sah niemals eigne Fehler ein,
zeigte auch Starrsinn ohnegleichen,
gedachte keinen Schritt zu weichen,
war immer langsam im Kapieren,
der Eigensinn sollt triumphieren.

Wollte nur immer andre jagen,
so ging es mir bald an den Kragen;
mein Amt war nie von langer Dauer,
doch Reinfall machte mich nicht schlauer,
versuchte anderswo mein Spiel,
gelangte nirgendwo ans Ziel.

Um Misserfolge zu begründen,
konnt Ursach ich woanders finden;
war meine Weste immer rein,
mussten wohl andre schuldig sein.
Da ohnedies nichts zu verlieren,
verlegt ich mich aufs Kritisieren,
lernt, andrer Fehler zu entdecken,

konnt selber mich dabei verstecken.

Gab anderen oft schlechten Rat,
verhinderte manch gute Tat.
Zum Meckern war ich stets bereit,
schimpfte viel auf die Obrigkeit,
liebt es dabei im Dunkeln bleiben,
verdächtiges Gemunkel treiben.
Den Fortschritt suchte ich zu stören,
tat gegen Neues mich empören.

Träumte von der Vergangenheit
verschlief dabei die jetzige Zeit
macht mich mit Niederen gemein,
wollte der ihren Größter sein;
die Klugen ließ ich ruhig schelten,
hoffte bei Dummen viel zu gelten.
Um Dankbarkeit auf mich zu lenken,
begann ich allerlei zu schenken.

Übte Bestechung, Kumpanei,
hielt mich für krumme Sachen frei;
konnte mir dadurch auch erlauben,
unredlich Pulver abzustauben;
mit Schmiergeld schaffte ich mir Ruh,
manch einer drückt ein Auge zu.

Warn andre fleißig und bescheiden,
gelang mir's Arbeiten zu meiden;
zog manchen mit ins Unheil rein
und heimste auch noch Beifall ein.

Durch Narrheit tat ich mich hervor
galt überall als reiner Tor;
wollt aus der Not die Tugend machen,
stets über guten Sitten lachen.

Bald fehlte nicht mehr viel daran,
dass man mich nicht mehr leiden kann,
um dieses wieder auszugleichen,
mich ins Vertrauen einzuschleichen,
verstand ich, Honig aufzustreichen;
der Leute maßlos Eitelkeit
gab hierzu viel Gelegenheit.

Weil echte Freude mir genommen,
ließ Haus und Garten ich verkommen,
tat meiner Frau die Kinder nehmen,
des müsst ich mich wohl ewig schämen,
den Kindern keine Mutter lassen
ist Grund genug, mich selbst zu hassen;
alleine mit den Kindern dann,
legt ich mich mit der Schule an,
dass man nicht so viel lernen kann;
den Kindern gönnt ich träge Ruh,
deckte Nachlässigkeiten zu.

Ist alles das umsonst gewesen?
Zahlt Satan nicht einmal die Spesen?
Für ihn ertrug ich manche Scham,
vernünftige Leute sind mir gram.
Soll alles das vergessen sein?
Wann löst er seinen Wechsel ein?

Für mich ist es schon höchste Zeit,
mach mich fürs Ende bald bereit.

Würd er mit mir gerecht verfahren,
wär ich sein Leutnant schon seit Jahren,
brauchte kein Finger mehr zu rühren,
nur andre ins Verderben führen.
Zum Glück ists nicht so weit gekommen,
hat besseren Verlauf genommen,
hab lebenslang auf Sand gebaut
zum Schluss sein falsches Spiel durchschaut.

Wer treues Wirken nicht belohnt,
verdient nicht, dass man seiner schont:
Satan, du abgefeimter Knappe,
noch schwärzer als dein Höllenrappe
legst mir nicht mehr die falschen Karten,
kannst keine Nachricht mehr erwarten.

Du hast von Anfang an gelogen
und nicht nur mich allein betrogen,
nein, alle, die zusammenfanden,
in festem Bunde mit dir standen,
dir halfen bei verwegnen Schlichen
und nicht von deiner Seite wichen,
heimtückisch hast du sie verraten,
in Affenfett dir braun gebraten.
Verräter haben nichts zu lachen,
so wird man dir den Garaus machen.

Mein Streit mit Satan hat begonnen,
ist auch das Leben fast verronnen;
für Reue ist es nicht zu spät,
zumal es um die Seele geht.

14.03.1985

## Hektik

Die Hektik ist wohl ohne Frage
die größte Plage unsrer Tage.
Grad wie in einem Hühnerhaufen
die Hennen durcheinanderlaufen,
so kann man Menschen hasten sehn,
wenn sie im Stress zuweilen stehn.

Zuerst hat einer was vernommen,
doch jeder will was abbekommen;
nun ist Verstand nicht mehr gefragt,
denn alles nur nach Beute jagt
und bliebe es doch nur beim Laufen,
es folgt bald Drängeln auch und Raufen.
Was ansteckt, ist allein die Gier,
der Mensch benimmt sich wie ein Tier.

Damit nicht jeder jeden stört,
hat man zwar Ordnung eingeführt,
doch niemand nimmt sie so genau,
die Disziplin ist meistens flau.
So gilt der alte Wahlspruch dann:

Wer haben will, der bleibe dran,
denn wer geruhsam Schritt genommen,
hat selten etwas abbekommen.

16.03.1985

## Ausflug

Nur für die Pflichten leben?
Man hat sich übernommen,
konnt nicht genug bekommen.
Es muss noch Freude geben!

Hab just mich fortgestohlen;
die Stadt liegt meilenweit zurück,
Mutter Natur schenkt Wanderglück;
will mich erst mal erholen.

Viel Blumen an den Wegen stehen,
wollt meine Liebste schmücken,
tät sie damit beglücken,
muss doch alleine gehen.

Im Walde werd ich einsam sein,
als könnte es bewahren
vor allerlei Gefahren,
hüllt mich sein Schweigen ein.

Ein Häslein übt verstecken,
es hoppelt hier und wittert dort,
läuft dann mit den Geschwistern fort,
so wie sich Kinder necken.

Weit drinnen steht ein Försterhaus;
hier in dem Walde wohnen,
das könnte sich schon lohnen,
doch niemand schaut heraus.

Kann nicht vorübergehen;
kein Hund, kein Huhn, kein Lebenszeichen,
als Wächter nur zwei dunkle Eichen
möchte Dornröschen sehen.

Ich muss mich erst mal fassen;
ein Fensterladen knarrt im Wind,
im Zimmer nur ein leerer Spind,
die Wohnung ist verlassen.

Das Scheunentor steht offen;
so hätte ich ein Nachtquartier,
vielleicht blieb ich für immer hier,
der Sturm hats aufgebrochen.

16.03.1985

## Gleichgewicht

Wer kennt beim Fisch die Seele nicht?
Das ist doch keine Frage;
sie sichert ihm das Gleichgewicht
beim Schwimmen rechte Lage.

Zwar hab ich eine Seele auch,
doch will mir's nicht gelingen,
den lieben langen Lebenslauf

ins rechte Lot zu bringen.

Habe oft Ärger im Betrieb,
das kann mich sehr verstimmen;
am liebsten würde ich dann auch
mal unter Wasser schwimmen.

Auch eine Elefantenhaut
wäre von großem Nutzen,
denn wer mir dann die Nerven klaut,
der würde mächtig stutzen.

22.03.1985

## Sport

Bei uns glaubt mancher brave Mann,
dass man wohl alles planen kann,
nicht nur die Produktivität,
bevor noch Produktion losgeht.

Nein, das sind die geringsten Sachen,
mit Planung lässt sich vieles machen,
drum treiben wir so gut man kann
nicht nur die Ökonomik an.

Kultur ist noch ein heißes Eisen
im Sport jedoch will man's beweisen.
Soll ständige Bemühung sein,
so planen wir Medaillen ein.

Selbst im Pokalspiel will man wissen,
wann Spieler Tore schießen müssen;
wo es auch anders kommen kann,
ist irgendjemand schuld daran.

Du hast den Plan, dein Ziel ist Zwang,
den Gegenspieler packst du lang!
Geb ich mich so der Planung hin,
versperr ich nur den freien Sinn.

Was nutzt mir dann ein hohes Ziel,
als Preis bezahle ich zu viel.
Lass ich dem Spiel nicht freien Lauf,
halt ich die echte Freude auf.

Nur eng nach dem Erfolge streben
bedeutet oft, den Sieg vergeben.

Zu harter Kampf kennt kein Besinnen,
denn auch der Gegner will gewinnen;
bringt man am Ende Sieg nach Haus,
drei Spieler trug man dafür raus.

Das Publikum liebt einen Mann,
der fair auch mal verlieren kann.
Wer aber krampfhaft will gewinnen,
soll der Blamage nicht entrinnen.

22.03.1985

## Volk

Du trägst ewiges Leben,
zu sterben brauchst du nicht,
rings um dich fallen Schatten,
bei dir ist immer Licht.

Dein Sinn ist voller Wechsel,
ein jeder Tag wie neu,
in ständiger Bewegung
bleibst du dir selber treu.

Hast Festigkeit der Alten
und jugendhaft Elan
von niemand aufzuhalten,
vollziehst du deine Bahn.

In dir wohnt Kraft und Stärke,
zurück bleibt alles Leid,
kennst weder Angst noch Sorge,
die Freude ist dein Kleid.

Kein einheitliches Wollen
und trotzdem Einigkeit,
es treiben Widersprüche
die Räder deiner Zeit.

Kein Neid trifft deine Größe,
kein Hass zerstreut dein Glück;
dein Schild, blank wie ein Spiegel,
wirft Bosheit leicht zurück.

Ein Quell ist deine Seele,
hält das Gewissen rein;
wer treu dir nur ergeben,
wird niemals schuldig sein.

2.05.1985

## Der Sommer kommt

Ging heut über Wiesen übers Feld,
da blieb zurück gewohnte Welt;
soll ich es Sehnsucht nennen?
Fort allen, die mich kennen.

Der Wind hat mich berührt,
da hab ich es gespürt,
ich muss jetzt weitergehen,
bleib sonst für immer stehen.

Vielstimmig hör ich's rauschen
könnt ich mein Herz belauschen,
was es mir sagen will;
doch drinnen bleibt es still.

Mag heut nicht schlafen gehn,
spät in den Abend sehn,
er wird es mir erzählen,
wenn ich mich werd vermählen.

1.06.1985

## Gemeinschaft

Tief wurzelt die Vergangenheit,
darauf erblüht erst neue Zeit;
Gemeinschaft bleibt ein leeres Wort,
lebte sie nicht im Herzen fort,
beim Sohn, vom Vater übernommen,
bis auf den heutgen Tag gekommen.

Was klagt man viel, die Welt sei schlecht,
einer sei Herr, der andre Knecht;
und Urgemeinschaft, Fragezeichen,
wo waren damals denn die Reichen,
fort sind die Herrn aus unserm Leben,
doch Mühen wird es weiter geben.

Will man Gemeinschaft recht verstehn,
muss man sie als ein Ganzes sehn;
selbst Herr und Knecht zu seiner Zeit,
traf irgendwo Gemeinsamkeit;
der Streit zerstört die Einheit nicht,
des Volkes Wohl gibt allen Licht.

2.06.1985

## Einsamkeit

Will ich gemeinsam leben,
anderen Freude geben,
lässt mich das Glück im Stich,
als tät ich's nur für mich.

Will ich erst in mich dringen,
die Einsamkeit bezwingen,
Vergangnes wieder sehn,
dann könnt ihr mich verstehn.

6.06.1985

## Spätheimkehrer

Als Fremder gehst du durch die Straßen, denkst:
„Das ist die Heimat nicht, die einst umjubelt uns
Soldaten und jetzt sich meiner schämt."

Dein Sieg gehörte allen,
die Niederlage trägst du nun allein.
Die Uniform, die dir befahl, den Tod verachten
und in Gefangenschaft dich leiden ließ –
nur Merkmal noch der Schmach in deiner heiß-
ersehnten Heimat.

Die Leute schauen weg: „Spätheimkehrer"
Bist für sie nur ein Typ, Erinnerung an das,
was man vergessen muss.

Besinn dich rasch, den Anfang neu zu finden,
Bitterkeit nach deinem Herzen greift.
Noch wärmt die Sonne deine abgezehrten Glieder,
doch du stehst dicht am Pfade der Verzweiflung.

7.06.1985

## Alt

Anfangs glaubt ich mich zu kurz gekommen,
so hab ich mich im Ehrgeiz übernommen.
Viel Schuld hat Einsamkeit gebracht,
plötzlich alt geworden über Nacht.

Nebenan lärmt eine neue Zeit,
nebenan gibt es ein Glück zu zweit;
bei mir wird es auf einmal still,
keiner hört, was ich gern sagen will.

9.06.1985

## Treue zum Volk

Nur aus der alten Treue
strömt frische Kraft mir zu;
bestärkt mich stets aufs Neue,
schenkt meinem Herzen Ruh.

Mag Politik sich winden
mit Akrobaten-Trick,
nach noch so hohen Sprüngen,
kehrt sie zu dir zurück.

9.06.1985

## Treue

Zu spät muss ich bekennen,
nur Treue gibt die Kraft.
Denn seit ich untreu wurde,
hab ich umsonst geschafft.

10.06.1985

## Alter

Irgendwo hab ich mich übernommen,
irgendwann bin ich zu spät gekommen.

Irgendetwas hab ich falsch gemacht,
auf einmal alt geworden über Nacht.

Fern von mir läuft eine neue Zeit,
fern von mir gibt es ein Glück zu zweit.

Um mich her wird es auf einmal still,
keiner hört mehr, was ich sagen will.

10.06.1985

## Freiheit

Es ging zum Kampf, wir standen Seit an Seit
gerüstet noch zu letztem schweren Streit;
ihr stürmtet vor und konntet alles geben,
ich blieb zurück und rettete – mein Leben?

Nein! In Wirklichkeit bin ich zuvor gestorben,
was zählt ein Mensch, fügt er sich Angst und Sorgen;
wer einmal erst sein flammend Herz verraten,
dem fehlt der Mut, denn Freiheit fordert Taten.

10.06.1985

## Neubeginn

Neu beginnen soll ich jetzt,
wo ich mein Letztes der verlornen Sache gab.
Und weiter hängt mein Herz an ihr,
das braucht wohl Zeit, wenn es noch werden soll.
Vielleicht auch Hilfe von vereinter Kraft,
die nicht besteht, weil man erst
kleine Schritte tastend selber geht.

10.06.1985

## Seele

Ahnst du, was deine Seele ist?
Weißt du denn, wer du wirklich bist?
Wie oft stehst du dir selbst im Licht
und siehst vor Trübsinn deine Sonne nicht.

Wer zweifelte nicht an des Lebens Sinn,
reute nicht seines Tuns Beginn?
In dir ein Freund, der nie verzagt,
der mutig strebt, nicht über Unglück klagt.

Ihm sollst du dich voll anvertrauen,
um rechten Weg und Steg zu bauen;
ihn kannst du alle Dinge fragen,
er wird dir wahre Antwort sagen.

Er ist dein Herr und ist es wert,
dass man vor allem ihn verehrt;

gönne dir Ruhe dann und wann,
damit er zu dir sprechen kann.

Was hab ich mich gequält, geschunden
und endlich doch mich selbst gefunden;
verbunden auch mit Raum und Zeit
von Anfang bis zur Ewigkeit.

12.06.1985

## Gefangen

Sag mir, wie lange hungert eine Maus?
Wie lange hält sie's ohne Fressen aus,
wenn sie vom Schicksal einmal ganz verraten
und keine Schrippen kriegt und keinen Braten?

So was kann heute jedem wohl passieren,
es gilt den Mut nicht zu verlieren;
kommt man aus einer bösen Falle wieder raus,
geht die Geschichte doch noch glimpflich aus.

Sollt es mit mir ein schlimmes Ende nehmen,
so will ich mich deshalb nicht unnütz grämen;
zwar bleibt der Körper in Gefangenschaft zurück,
die Seele doch erreicht der Freiheit Glück.

13.06.1985

## Seele

Bedenke, deine Seele,
sie ist das beste Stück,
denn fährst du einst zum Himmel,
bleibt sie dein einzges Glück.

15.06.1985

## Schaltungsfehler

Ein Schaltungsfehler ist mein Trick,
darin erfüllt sich mein Geschick:

Wenn jemand mich gut leiden kann,
fang ich mit ihm zu streiten an;
stürmt jemand auf mich voller Wut,
so bin ich ihm von Herzen gut.

15.06.1985

## Rechtes Maß

Ein Zuviel hat manchen schon verdorben,
am Zuviel ist manch einer gestorben.
Will ich das Leben recht gestalten,
muss ich es lernen, Maß zu halten.

15.06.1985

## Mein Platz

Lass mich nicht leere Zeit verrennen,
zu meiner Seele mich bekennen;
mein Platz ist mit in eurem Streite,
wo ich mit euch den Sieg bereite.
Das Freudenbanner weht voran,
ihm schließe sich ein jeder an.

15.06.1985

## Mein Königreich

Mein Königreich ist zweigeteilt
in jedem Land ein Fürst verweilt,
der eine gläubig wie ein Kind,
der andre kräftig, aber blind.

Der Gläubige, wissend, kann nichts sagen,
der Blinde hört nicht auf zu fragen.
Wo dieser Mäßigung riet mir,
da wütet jener wie ein Tier.

Der Sanfte liebt die schöne Kunst,
bewirbt sich auch um Frauen Gunst;
doch auch der Starke kann viel nützen,
versteht es mächtig, mich zu schützen.

Als König hab ich es nicht leicht,
dass guter Rat mich auch erreicht;
der Weise wohnt in fernem Land,
der Starke hält mich als sein Pfand.

So häng ich ab von allen beiden,
mag sie auch gleichermaßen leiden;
hätt ich nur einen auserkoren,
gäb's Unglück, bald wär ich verloren.

Entbrennt um meine Gunst ein Streit,
so hilft mir nur Gerechtigkeit;
ich setze alle beide gleich,
hab Frieden dann im Königreich.

15.06. 1985

## Festgefahren

Öfter passiert es mit den Jahren,
dass meine Karre festgefahren,
geht nicht voran und nicht zurück,
bleibt stehn und rühret sich kein Stück.

Zu viel ist gar nicht aufgeladen,
am Rad auch nirgendwo ein Schaden,
kein Sumpf am Wege zu entdecken,
ein Unsichtbarer will mich necken.

Hätte ich nur Gewissheit,
was mich im Stiche lässt:
Ist es mein eigner Zweifel,
der hält den Wagen fest?

Wo dunkle Mächte mit im Spiel,
da trügen auch die Sinne viel:

Rief es nicht eben, knackte dort,
flackert ein Licht, nun ist es fort?

In letzter Zeit zu viel gedacht,
zu wenig Träume wahrgemacht;
der Motor aus dem Takt gekommen,
die Wirkung dadurch weggenommen.

Belastung wollte ich entweichen,
lässt sich so Kompression erreichen?
Zündung im falschen Augenblick,
die Explosion schlägt leicht zurück!

So fehlt die Kraft für freie Bahn,
für neue Hoffnung, Schwung, Elan.
Gedanken sind allein verloren,
sind nur für rasche Tat geboren.

20.06.1985

## Unvermögen

Verstand vermag nichts zu erzwingen,
nichts unter einen Hut zu bringen,
versteht nicht rechtes Maß zu halten
und Lebenssinn nicht zu gestalten.

24.06.1985

## Kampf der Gegensätze

Schwarz spielt Schach gegen weiß,
kalt besteht gegen heiß;
dumm währt länger als schlau,
ein Mann unterliegt der Frau.

24.06.1985

## Macht

Die Mächtigen spieln gerne mit Soldaten,
buh buh, bumm bumm mit Feuer und Granaten,
den schwachen Nachbarn möchten sie erschrecken,
fremden Besitz in ihre Taschen stecken.

25.06.1985

## Politik

Die Welt hält sich im Gleichgewicht,
verträgt einseitge Störung nicht:
Rotten sich Menschen erst zu Haufen,
so folgt gar bald blutiges Raufen.

Ein Hitler sprach: „Volk ohne Raum,
der eigene Hof, kein leerer Traum,
Bananen wollt ihr auch nicht missen,
drum kämpft ihr Deutschen nur verbissen."

Jetzt fordern Schlesier einges Land,
die Grenze wird nicht anerkannt;
wer bei uns Ackerland gewonnen,
auch dessen Hoffnung ist zerronnen.

Die Politik ist nirgends echt,
dem kleinen Mann bekommt sie schlecht!
Lohnt es sich darauf reinzufallen,
zu laufen mit den Dummen allen?

27.06.1985

## Leben

Was ist es nur, worum sich alles dreht,
wie nennt man das, was keiner recht versteht?
Mit ihm steh ich frühmorgens auf
und leg mich abends hin;
es gibt mir Kraft, es gibt mir Halt,
dem Leben einen Sinn.

30.06.1985

## Schwung

Den Gleichmut kannst du nicht erringen,
es muss ein Pendel in dir schwingen,
auf Harmonie, sanftes Vergessen,
folgt wieder rohes Kräftemessen;
bist du zum Wechsel stets bereit,
erfreut ein Rhythmus deine Zeit.

1.07.1985

## Bestechung

Gedanken sollte man nicht kaufen,
sie können eines Tags entlaufen;
denk an den alten Spruch dabei:
Gedanken bleiben immer frei!

2.07.1985

## Sozialismus

Der eine wird verärgert,
der andre rackt für zwei;
wenn dabei nur der Plan stimmt,
so bleibt es einerlei.

Wir nennen's Sozialismus,
bei uns ist jeder gleich,
s'gibt weder gut noch böse
und auch kein Himmelreich.

4.7.1985

## Arglos

Holzwurm, ahnungsloser Mann!
Glaubst nicht, dass man dich hassen kann?
Verrätst dein Tun durch Lärm und Staub,
als wär der Gegner blind und taub!

7.07.1985

## Gefährtin gesucht

Bist du allein wie ich,
fühlst auch für zwei wie ich?
Kannst du die Sonne sehn,
lerntest im Schatten stehn?

Enttäuscht von Liebesglück,
fandst zu dir selbst zurück?
Werden uns gut verstehn,
ein Stück gemeinsam gehn.

7.07.1985

## Wozu

Wozu bin ich auf dieser Erde,
damit ich etwas Großes werde?
Es im Beruf zu etwas bringe,
vielleicht Unsterblichkeit erringe?

Soll ich die Wissenschaft studieren,
mit Doktorgrad auch promovieren?
Etwas ganz Wichtiges erfinden,
eine Gesellschaft neu begründen?

Ein leichtes Glühn schwebt in der Luft,
ein milder lichter Sommerduft.
Vor allem sehr viel Geld verdienen,
gut leben auch mit flotten Bienen?

Ansehen und Bewunderung
verleihen mir den rechten Schwung?
Die Arbeit mäßig nur verrichten,
auf Annehmlichkeiten nicht verzichten.

Als Lebenskünstler mich entfalten,
mit eigner Schöpfungskraft gestalten?
Verstand in seine Schranken weisen,
Gefühl als Wärmespender preisen?

Das alles stünde mir gut an,
doch bliebe ich ein eitler Mann.

Besser die Prunksucht überlisten,
als Mönch ein karges Leben fristen;
den Leib durch Fasten auch kasteien
von Sünden meine Seel befreien.

Des Körpers Trägheit überwinden,
den Weg zu innerm Wesen finden.
Erkenntnis würd sich mir erschließen,
als könnte Weisheit nicht verdrießen.

Lieber mit guten Freunden lachen,
sich selbst damit viel Freude machen;
nicht an den eignen Vorteil denken,
was übrig ist, den andern schenken.

Mit freiem Geist die Macht besiegen,
froh in der Liebsten Armen liegen;
sich auch vom Hause fortbewegen,

ab und zu Wanderschaften pflegen.

Vom Wasser lernen ist der Rat,
wie es der Müllerbursche tat.
In Erdendingen nicht verharren
und nach verborgnem Golde scharren.

Dem Wasser bietet niemand Halt,
verändert laufend die Gestalt,
kann über Land und Felder fließen,
sich in das große Meer ergießen.

Will keinen festen Platz begründen,
ist stets bereit sich zu verbünden;
für Mensch und Tier voll Saft und Kraft
ein Element, das Leben schafft.

Nichts, gar nichts, will mich hier erlösen,
ich bleibe in der Macht des Bösen;
muss Erdendenken ganz aufsagen
und will den Geist des Lichts befragen.

Kein trüber Knecht des Geldes sein,
als Kind der Sonne mich erfreun.
Was nützt dir denn vielfältges Streben,
du willst die Freude nur erleben.

Es gibt ein strahlendes Erwachen,
es lässt dich mit den andern lachen.
Willst du die lichten Kräfte sehn,
musst du dem Erdgeist widerstehn.

Erst musst du Böses fallen lassen,
dann kann dich guter Geist erfassen.

15.07.1985

## Für Gerhard

Mein guter Freund, wir hatten große Pläne.
Erfahrung. Umsatz bringt Gewinn.
Viel mussten wir in unserm Leben lernen,
das Alter lehrt uns nun bescheidnen Sinn.

Es ist zu spät, um Neues zu erwerben,
bewahren nur, kann unsre Losung sein;
eh wir noch vor der Zeit verderben,
sehn wir doch lieber unsre Schwäche ein.

30.07.1985

## Zum Schluss

Viel Verslein hab ich ausgeschwitzt,
gezündet manchen Geistesblitz.
Nun kann ich es nicht unterlassen,
zum Schluss auch noch zusammzufassen.

„Tsopan", so heißt mein Zauberwort,
trägt all Gesagtes mit sich fort:
Trost, Liebe, Schicksal, Leid und Glück,
kehr damit nun in eins zurück.

„Tsopan“ ist rein wie ein Kristall,
wohltönend wie der Glocke Schall,
bedeutet freudiges Erleben,
lautloses durch die Lüfte schweben.

Füllt sich als Becher rot mit Saft,
pulsierend wie die Lebenskraft.
Ist Masse, Flüssigkeit und Luft,
wohlriechend wie der Blume Duft.

Umfasst abgründig tiefes Hassen
und ungewisses Treibenlassen.
Wird jemand so voll Schwachsinn sein
füllt dies in einen Topf hinein?

Gemach, gemach, der Topf bist du
und rührest darin immerzu.
Mal dies, mal jenes willst du schmecken,
suchst immer Neues zu entdecken;
erst wenn du satt bist, gibst du Ruh,
zum Schluss auch klappt der Deckel zu.

1.08.1985

## Nun fühl ich Sommer

Nun fühl ich Sommer, seit ich nicht begehre,
mit neuen Wünschen die alte Schuld vermehre;
warum darf ich die Sonne jetzt erst finden,
auf ihrem Weg in weiter Runde zu entschwinden?

2.08.1985

## Die Wolke

Ich setz mich auf die Wolke
und fliege mit.
Ich weiß nicht, wo es hingeht
in flottem Ritt.
Viel Täler und viel Höhen
sind mit dabei;
die Welt ist bunt und lustig,
und ich bin frei.

3.08.1985

## Zeit und Glück

Zeit, und auch Glück,
nicht zu verschenken,
bedeutet handeln gleich
und später denken!

9.08.1985

## Betrogen

Man sagt dir nicht die Wahrheit,
man zeigt dir nur das Licht,
du aber stehst im Schatten,
darüber spricht man nicht.

Die Freude darfst du teilen,
das Leid trägst du allein;
viel Großes kannst du schaffen,

im Herzen bleibst du klein.

Was nutzen Ruhm und Ehre,
verfliegen mit dem Wind,
wenn ich auch König wäre,
blieb ärmer als ein Kind.

So vieles ist vergangen
und kehrt nicht mehr zurück;
Gedanken sind gekommen,
verloren ging das Glück.

10.08.1985

## Herbst

In mir ist Herbst,
ich fühl die Blätter fallen,
Wünsche und Hoffnung gehen dahin;
nun heißt es Abschied nehmen
und doch ist es Beginn.

Ein Anfang zu bestehen
in kalter Winterszeit,
ein Aufbruch zu vergehen
im Lauf der Ewigkeit.

10.08.1985

## Nun

Nun ist wohl alles überstanden,
da ich ganz ohne Hoffnung bin.
Darf ich an ferner Insel landen,
erhält das Leben neuen Sinn.

11.08.1985

## Rückblick

Die Jahre sind vergangen,
ich habe nichts vollbracht,
stehe mit leeren Taschen
vor einer langen Nacht.

Immer auf großer Straße,
um nicht allein zu sein,
versäumt ich eigne Wege,
schlug falsche Richtung ein.

Und auf dem lauten Jahrmarkt
versuchte ich mein Spiel,
der Einsatz ging verloren,
stets wagte ich zu viel.

Gibt es auch ruhige Wege?
Find ich ein stilles Glück?
Hoffnung, solang ich lebe.
Sehnsucht führt mich zurück.

14.08.1985

## Mein Hund

Mein Hund, du bist ein liebes Tier,
doch scheinst du etwas eitel mir.
Denn sage ich ein liebes Wort,
beziehst du es auf dich sofort,
und kreuzen unsre Wege sich,
so denkst du, ich besuche dich.

17. 08.1985

## Am Leben

Am Leben bin ich wohl vorbeigegangen,
in einem Vorzimmer blieb ich gefangen,
die Frucht der Liebe hab ich nie erfüllt,
den Durst nach Wein mit Wasser nur gestillt;
Rätsel des Seins konnte ich nicht erfahren,
blieb arm an Weisheit, bin nur reich an Jahren.

17.08.1985

## Die andere Welt

Heut war ich in der andern Welt,
sie hatten dienstlich mich bestellt,
und wussten Neues nicht zu sagen
stellten wie immer dumme Fragen.

Als einziger kann ich friedlich wandern,
es fürchtet einer dort den andern;
ein jeder arbeitet versteckt,

hat Angst, er wird dabei entdeckt.

Der Heimweg fällt mir immer schwer,
ich liebe meine Tochter sehr;
sie muss im dunklen Land verbleiben,
ich darf im Licht mein Spiel betreiben.

3.09.1985

## Die Felsengrotte

Nicht weit von hier, im Zauberland,
ich eine Felsengrotte fand;
ein Kätzchen führte mich hinein,
durch ewge Nacht dringt Kerzenschein.

Und wie ich geh von Licht zu Licht,
erstrahlt darinnen manch Gesicht:
die Mutter, dann ein guter Freund,
ein Liebesglück dereinst geträumt.

Ein treues Tier, das mir ergeben,
und ist es auch nicht mehr am Leben,
dort unten zählen Jahre nicht,
was Freude war, erstrahlt im Licht.

Doch Schweigen dringt aus dunklen Ecken,
als wollte jemand sich verstecken.
Wen ließ ich einst vergeblich hoffen,
dem Bittenden die Antwort offen?

15.09.1985

## Im Menschen

Im Menschen steckt ein Feuergeist,
nicht offen, doch versteckt zumeist;
magst ihn den Sohn der Hölle nennen,
denn gerne möcht er dich verbrennen.

18.09.1985

## Paulshof

Ein Geldmann kam zu mir gelaufen
und wollte meine Hütte kaufen.
Der Hof, meint er, sei kaum was wert,
die Wiese aber nicht verkehrt;
gleich gab er auch die Summe an,
die man dafür wohl zahlen kann.

Was hab an Kraft ich investiert,
bis ich die Nachbarn mir kuriert?
Was setz ich für die Freude an,
wenn ich die Kätzlein füttern kann?
Und wieviel zählt des Himmels Segen,
um meine Ruhe hier zu pflegen?

Des Geldmanns zweifelndem Gesicht
erklärt sich solche Währung nicht;
was sich nicht zahlt in Münzen ein,
das kann doch wohl nicht wertvoll sein.
Kopfschüttelnd geht er wieder los,
hält mich für einen Narren bloß.

22.09.1985

## Abschied

Bist du der letzte Sommertag,
der mir viel Grüße senden mag
von allen meinen Lieben,
die mir bis heut geblieben?

Du machst mir vor dem Winter bang,
wie wird die Einsamkeit mir lang!
Was wird aus uns wohl werden,
geht Mutter von der Erden?

Wie sorglos war ein jedes Jahr,
als Mutter einst noch jünger war.
Noch wacht sie als ein guter Stern,
ihr Ende aber liegt nicht fern.

So wunderschön strahlt dieser Tag,
dass ich mich doch nicht freuen mag.
Abschiedsschmerz „du scheidest hin"
bringt Traurigkeit in meinen Sinn.

Mit deiner sanften Helligkeit
gemahnst du an viel dunkle Zeit:
Das Ende schöner Jahre
mit Tränen an der Bahre!

28.09.1985

## Kern und Schale

Wie schütze ich mein Leben
von Freund und Feind umgeben?

Weit draußen bei der Meute,
da kämpfen meine Leute
mit blanker Waffe in der Hand,
gehärtet wohl durch den Verstand.

Das schafft mir eine Zone,
in der ich sicher wohne;
nur wer ein Freund und mir willkommen,
wird gütlich darin aufgenommen.

Und mitten drinnen steht das Heim:
Mein Herz, gar viel mit sich allein;
ein Kind, ein Traum, ein treues Tier
ersetzen die Gemeinschaft mir.

6.10.1985

## Mein Schicksal

Manch einer strebt, etwas zu werden,
sucht Ruhe, Heimstadt hier auf Erden,
möchte wohl auch durch fleißges Lernen
den Weg sich bahnen zu den Sternen.

Mein Schicksal aber gleicht dem Boot
wie Seefahrt ist der Kampf ums Brot.

Beim Kurs an ruhenden Gestaden
droht von der Brandung her ein Schaden,
es lauert manch verstecktes Riff,
zerstört das ahnungslose Schiff.

Weit draußen aber tobt das Meer
und macht das Leben doppelt schwer.

Der Sturm ein wildes Ungeheuer,
zerreißt das Segel, bricht das Steuer,
Wasser dringt ein, spült über Deck,
zum Unglück noch das Boot wird leck.

So oder so, bleibt einerlei,
die stolze Fahrt ist bald vorbei.

Ein Wrack kurz vor dem Untergehen,
kein Funken Hoffnung bleibt bestehen.
Vom Schicksal ganz und gar bezwungen
wird letzter Angstschweiß abgerungen.

Da seh ich jemand untersinken,
hör Hilferufe vom Ertrinken.

Und plötzlich wird mein Glaube frei,
schafft wunderbaren Mut herbei.
Des Menschen Herz hat mich gerührt,
mir frische Tatkraft zugeführt.

Ein Seil ergreif ich mit Geschick,
holt den Verlorenen zurück.

Als wäre die Gefahr gebannt,
zeigt in der Ferne sich jetzt Land.
Der Sturm hält ein und legt sich wieder,
sogar ein Sonnenstrahl fällt nieder.

Und neuer Anfang mit Vertrauen
lässt mich in helle Zukunft schauen.

7.10.1985

## Klärung

Bei mir nur bin ich ganz zu Hause,
nehme mir Zeit, gönn mir ne Pause.

Macht sich auch Chaos ringsum breit,
es stört nicht die Geborgenheit.

Nur manchmal fühl ich mich allein,
gefangen, ohne Sinn und klein.

Dann muss ich eine Wand durchbrechen,
Gedanken klären, zu mir sprechen.

Erst danach bin ich wieder frei,
der Schwächeanfall ist vorbei.

Kann Gegenwart und Zukunft wagen,
Ernst, Heiterkeit und Schmerz ertragen.

10.10.1985

## Für Eli

Es ist zu spät,
um dich noch zu belehren,
zu spät des Bessren zu bekehren.

Was einst mit Liebe wär gegeben,
das hielte für dein ganzes Leben.
Nun ist wohl jeder Rat vertan,
doch gäb ich Hilfe, nähmst du an.

11.10.1985

## Es muss etwas passieren

Es muss etwas passieren,
ich kann nicht von mir los,
sitze in einem Käfig,
grad wie ein Trauerkloß.

Es muss etwas passieren,
ich muss hier endlich raus,
läuft immer nur das Gleiche,
wer hält denn so was aus?

12.10.1985

## November 85

Ach Schmetterling, du flatterst
so ungestüm zum Licht;
du bist doch in der Stube
und Frost verträgst du nicht.

O wäre es doch Frühling,
so möcht ich dich befrein,
öffnete weit das Fenster,
dich nähm der Sonnenschein!

17.11.1985

## Leicht läuft es sich

Leicht läuft es sich im Haufen,
doch willst du dich befrein,
so wird dir keiner helfen.
Du stehst für dich allein.

23.11.1985

## Gedichte 1986

## Klage gegen den Verstand

Ich klage meinen Herrn an
und fordre Revision:
Warum soll ich nur Knecht sein,
wie all die Jahre schon?

Ich brauche endlich Ruhe,
nie fand ich bei dir Rast:
Mit deinen bösen Freunden
fällst du mir arg zur Last.

Es sei zu deinem Nutzen,
lautet dein steter Spruch.
Nun sag ich dir die Wahrheit:
Du selbst kriegst nicht genug.

Und was zu meinem Vorteil,
begreif ich selber nun.
Es ist die höchste Zeit längst,
um endlich auszuruhn.

Beweise ich dir täglich,
es geht auch ohne dich,
wirst du vielleicht vernünftig.
Erkennst: Der Herr bin ich!

13.01.1986

## Abwärts

Merkst du nicht, wie es abwärts geht
mit dem Strudel, der um sich selber dreht?
Verhallt ist der Tritt der Gemeinsamkeit,
es walten die Geister der Dunkelheit.

14.01.1986

## Ruhelos

Zu früh wurde ich vertrieben,
davon ist die Angst geblieben;
glaube nicht an eignes Heim,
fühle mich darin allein.

Eh noch Zeit ist zum Erwärmen,
fängt mein Wohnplatz an zu sterben;
bald schon möcht ich wieder gehen,
nutzlos bleibt das Wen'ge stehn.

Zweisamkeit gehört zum Leben,
werd ich einsam Ruhe geben?

29.01.1986

## Ich kann nicht bleiben

Ich kann nicht bleiben,
wenn s mich weiterzieht.
Blieb von den Ahnen mir
der Wandertrieb?

Wen das Glück nicht gebunden
an festen Ort,
den ruft der Wind,
führt ihn mit sich fort.

30.01.1986

## Ordnung und Chaos

Wer auch immer nach Ordnung strebt,
ahnt nicht, dass er vom Chaos lebt.
Möchte viel Verstand beweisen,
legt nur die Natur in Eisen.

30.01.1986

## Heute

Heute soll alles anders sein,
der Lehrling teilt die Arbeit ein.

Der Beste ist, wer am wenigsten macht,
dafür aber von Herzen lacht.

Unser kleines Ich lassen wir draußen stehn,

frei lasst uns in Gemeinschaft gehen.

Ärger und Zwist und versteckten Neid
rechnen wir zur Vergangenheit.

Die Gläser hebt, ob Bier ob Wein,
wir wollen so klug wie die Narren sein.

20.03.1986

## Geschafft

Ich habs geschafft, der Tyrannei entronnen,
der Zweikampf mit dem Drachen ist gewonnen.
Fortan mein eigner Herr in bunter Welt,
kann tun und lassen, wie es mir gefällt.

Mich schert nicht Abgesang politischer Parolen,
für mich gilt nicht das Wort: „Es ist befohlen!"
Bin weder Knecht der Frauen noch der Mode,
hab keine Furcht vorm Alter oder Tode.

Nun hab ich Zeit. Natur will sanft gedeihen.
Muss mich von eigner Fessel nur befreien.

1.07.1986

## Fliegentöter

Ein jeder ist auf dieser Welt
zu rechtem Zwecke hinbestellt,
muss durch besondre Fähigkeiten
die eigne Existenz bestreiten.

Dem einen ist das Wort zu eigen
versteht es, frei zu überzeugen,
ein andrer, der nicht so viel weiß,
bemüht sich in geduldgem Fleiß.

Hier wird mit Kenntnis ohne Hast
modischer Kleidung angepasst,
dort wächst, nach Konstruktion genau,
ein riesengroßer Häuserbau.

Wird jeder sich im Lichte zeigen,
so ist auch mir etwas zu eigen,
dass sich in fordre Reihe stellt
und durch Besonderheit gefällt.

Erziehung oder höhrer Wille,
ich liebe die Gedankenstille,
wenn Sonne durch die Scheiben dringt,
Zeit sich mit Ewigkeit verschlingt.

Ein Kätzchen streicht mir um die Beine,
da fühl ich mich nicht so alleine,
im Sessel sitzend, ganz bequem,
fass ich die Welt in ein System.

Weil aber von Gedankenkraft
ward noch nicht jene Tat geschafft,
die wie ein Blitz durch Wolken bricht,
dass alle Nachwelt von ihr spricht,

darf ich hier gern darauf verzichten,
Erkenntniswerte zu berichten,
die herrlich, wird man mich begreifen,
wie goldne Frucht am Baume reifen.

Nein, Kampf sei meine höchste Zier,
naturgewollter Gegner hier
ist ein Insekt, die Stubenfliege,
an Exemplaren zur Genüge.

Besuch hab ich mir abgewiesen,
um ernst Besinnung zu genießen,
doch dieser kleine Bösewicht,
hält sich an meine Weisung nicht:

Dreist brummt es über dem Papier
und stielt die heilge Ruhe mir;
aus roher Umwelt noch ein Rest,
der mich nicht einsam forschen lässt.

Bedroht, dem Feuerdrachen gleich,
mein Flug in das Gedankenreich,
zieht mich zur Wirklichkeit zurück,
besiegelt dadurch mein Geschick.

Umsonst hab geistig ich gerungen,

fast schon den Sternenkreis bezwungen,
da wird der winzige Geselle
zum Hemmnis an der höchsten Schwelle.

Ja, schon ein spärlicher Verdruss
blockiert gleich den Gedankenfluss,
dringt ein wie Unhold in das Haus
und fordert mich zum Zweikampf raus.

Zwar, Toleranz sieht vieles ein,
das Recht jedoch muss stärker sein,
wird jemand erst behinderlich,
bleibt nur die Wahl: er oder ich.

Das Schicksal will Entscheidung sehn,
wer will hier gegen wen bestehn,
um geistge Freiheit zu besitzen,
muss ich den Luftraum sicher schützen.

Die Fliege wird zum Kampfobjekt,
wird friedlich sitzend hochgeschreckt;
missgönnt wird ihr die Lebensfreud,
wird Opfer ihrer Lebensfreud.

Wie trefflich kann Erziehung sein,
sperrt sie ein Kind ins Zimmer ein,
bis Langeweil die Neugier weckt
für das lebendige Objekt.

Von allerfrühster Jugendzeit
zum Fliegenfang Gelegenheit

übte ich an manchen Tagen,
kein Misserfolg ließ mich verzagen.

Das Lob gilt hier der Tradition,
sie brachte den verdienten Lohn;
als Spiel vom Vater übernommen,
hat es nun wahren Sinn bekommen.

Gebrauchen einer Hand als Kelle,
langsames Nähern, listge Schnelle,
gefangen halten in der Faust,
aufpassen, dass sie nicht entsaust.

Ich kann mir Einzelheiten sparen,
die Kunst erlernt sich mit den Jahren;
so manchen Handwerks innres Glück
geht auf ein Ahnenbild zurück.

Gottlob, in solcher Meisterschaft
bestärkt sich meine Lebenskraft;
dieweil ich eben schneller bin,
fast mühelos streck ich sie hin.

Längst hat die Wissenschaft entdeckt,
der Menschheit droht vor dem Insekt,
durch Flügelschlag und Leichtigkeit
besitzt es Überlegenheit.

Radar in einer einzgen Zelle,
Millionenfach als Schwarm zur Stelle,
fällt es bald über Ernten her

und fegt Getreidefelder leer.

Manch Urlaub wird zur Höllenpein,
beim Camping ist man nicht allein,
früh morgens, abends und am Tage
herrscht Fliegen- oder Mückenplage.

Bestärkt ist drum mein Kampfesgeist,
der sichtbar in die Zukunft weist,
als umweltfreundlich gelten kann
in fairem Streit, Mann gegen Mann!

Wie sollte es auch weiter gehn,
bringt man Gefahren nicht zum Stehn;
Friedfertigkeit hat viel geschafft,
doch nur, wo sie auch angebracht.

Paulshof/ 4.07.1986

## Der Klappsmann

Kürzlich machte einer schlapp,
bald schon trug man ihn zu Grab;
die Diagnose, der Arztbefund,
seelisch-geistiger Kräfteschwund!

Gibt es denn sowas, der Körper immun,
man kriegt es mit Virus im Denken zu tun?
Kein Einzelfall, sagt die Ärztewelt,
um das geistige Klima ist's schlecht bestellt.

Ein Umstand, der die Hilfe erschwert,
die Ursachen sind völlig ungeklärt;
man weiß nur, die Nerven haben versagt.
Vermutlich hat er Komplexe gehabt.

Da wird so ein Knoten, ein geistiges Knäuel,
zur satanischen Falle, zum höllischen Gräuel.
Ein Schaltungswirrwar, ein Leistungsdefekt,
irgendwo undicht, ein seelisches Leck.

Durch vieles Grübeln im Hirn verrannt,
überlastete Sicherungen durchgebrannt;
ein pathologisches Kurzschlusssystem,
dabei äußerlich ruhig, passiv, ja bequem.

Den Schaden erkennt man leider zu spät,
wenn's um den Patienten hoffnungslos steht.
An Gefährlichkeit mit dem Krebs zu vergleichen,
denn Medizin konnte noch nichts erreichen.

Erst bei der Sezierung zeigt sich abnorm
eine Großhirnverbildung bizarrer Form.
Professor Irrlicht erfand nun gottlob
für die Spätanalyse das Klapptoskop.

Was im Leben verschwieg des Verstorbenen Mund,
geben die toten Zellen jetzt kund.
Durch erhöhten Gehalt an chemischem Eisen,
lässt sich der Gang der Gedanken beweisen.

Ein Computer verfolgt den Faden zurück,

enthüllt so das Denken Stück für Stück;
doch sind Windungen äußerst verfahren,
benötigt man Fristen von zwei Jahren.

Erste Hinweise aber sind schon bekannt
und werden im gleichen Bericht genannt:
Geheimniszellen werden zu schwer,
weil kein vertrauter Umgang mehr.

Verschweigen blockiert den Gedankenfluss,
hindert den geistigen Samenerguss,
bildet Umgehungskanäle aus,
gleicht einer Falle im eigenen Haus.

Vermutungen, was das Geheimnis gewesen,
sind eine Ausgabe später zu lesen:
Um seine Bemühungen stand es schlecht,
man glaubt, eine Urkunde sei nicht echt.

Seinen Vorgänger hat er womöglich betrogen,
später auch das Gericht belogen;
zum Unglück gaben die Richter ihm recht,
durch Schuldkomplexe erging es ihm schlecht.

Vielleicht aber konnte er trotzdem genesen,
wär nicht ein weitres Tabu gewesen:
Schwerlich vermochte er sich bei Frauen
auf intime Weise anvertrauen.

Ein heimlicher Mangel im Körperbereich,
mit seelischer Folge, aber ganz gleich;

versagte bei ihm die Mannesnatur,
so war Psychoverfall verständlich nur.

Bald wird es Wissenschaft enthüllen,
Computer elektronisch füllen,
so wird zu Lebzeit hier auf Erden
gar manchem bald geholfen werden.

20.07.1986

## Depression

Die Depression, Ernüchterung,
nimmt alle Lust mir, raubt den Schwung.
Gelegenheit, um zu bedauern,
sich analytisch zu belauern.

War nicht zuvor ein Höhenflug,
und ging mir gar nicht steil genug?
Dann plötzlich stand ich ganz allein
auf rauem Boden winzig klein.

Liegt es in meinem Wesen drin,
dass ich ein falscher Priester bin;
will nur ein Feuerchen entzünden,
mir andre Geister so verbünden?

Und wie die Flamme sich erhellt,
wenn Stroh zu Asche schnell zerfällt,
erstrahlt nur kurz mein Heilgenschein,
dann hüllt mich wieder Dunkel ein?

Ach, fände ich Realität,
den Baum, der anderntags noch steht,
so wärs vorbei mit solchem Spuk,
denn bitter schmeckt der Selbstbetrug!

Paulshof/ 12.08.1986

## Man hat ein Bild

Man hat ein Bild von dir gemacht,
stolz auf Erfolg, den du vollbracht,
folgsam den graden Weg zu gehen,
Pflichten im Alltag zu bestehen.

Doch man vergaß dein anderes Ich,
heimliche Frage: „Liebst du mich?"
Sehnen nach sorgender Zweisamkeit,
Träume nur aus der Jugendzeit?

19.08.1986

## Stille

Was soll jetzt noch kommen,
wo alles zerbrach?
Ein letzter Abgang,
ein großer Krach?

Geblieben ist Ruhe,
nach höllischer Fahrt,
ein Leben in Stille
auf einfache Art.

21.08.1986

## Mit Ruhe

Mit Ruhe als Geborgenheit
umgeb ich mich in jüngster Zeit,
und recht befriedigt kann ich sagen,
die Wirkung ist nicht zu beklagen.

Nie war ich so voll Sicherheit,
verspüre sogar Kraft zum Streit,
den ich bislang tunlichst vermieden,
dadurch im Rennen ausgeschieden.

27.08.1986

# Gedichte 1987

## Dieser Tag

Für mich hält dieser Tag etwas bereit,
um es zu finden, ergeb ich mich der Zeit.

Ein Saphir zwischen Scherben und Gestein,
sicheres Boot schwimmend im Meer, allein.
Ein Rosenbeet im weiten Wüstensand,
Vertrauen dort, wo man nur Argwohn fand.

Ist Glaube zwischen Hoffnungslosigkeit,
ist Freude mitten unter Angst und Streit.
Ein Mann fühlt seine Kräfte wieder
im tausendköpfgen Heer der müden Krieger.

16.02.1987

## Warm oder kalt

Warm oder kalt
jung oder alt
Glück oder Harm
reich oder arm
Mann oder Frau -
Kinder des Dao!

16.02.1987

## Versuchung

Da dachte ich, o Herr,
ich brauchte dich nicht mehr;
sie ist so schön,
ihr Bild wollt ich
an deine Stelle setzen.

All meine Liebe sollte ihr gehören,
dazu noch ewge Treue schwören.
Doch sie, vom Teufel arg besessen,
hat mich nur rasch vergessen.

Noch lieb ich sie,
doch du, o Herr,
verleihst mir einzig Trost und Stärke.
Mit deiner Kraft allein,
vermag dem Teufel ich
zu widerstehn.

5.12.1987

## Es gibt ein Maß

Es gibt ein Maß, das streng bestimmt,
das heute gibt und morgen nimmt,
das heute bangt und morgen lacht
und dennoch über allem wacht.

Ein Würfelspiel, und sieht nicht ein,
lässt mich nicht so wie andere sein,
lässt Fragen ohne Antwort stehn,

lässt meinen Weg ins Dickicht gehen.

Ein Mosaik aus bunten Steinen,
die sich zu einem Bild vereinen;
so mancher Wunsch muss draußen sein,
passt in das Muster nicht hinein.

Nicht Schicksal heißt das Würfelspiel,
ein Steuermann ringt hart ums Ziel,
damit sein Schiff am Winde bleibt
und nicht mit seichter Strömung treibt.

3.1.1988

## Sieg

Mein Leben, das ist Sieg
von Tag zu Tag.
Verdächtig ist mir,
wer nicht siegen mag;
bei ihm verbirgt sich eine Falle,
denn Sieg gibt Kraft
und das gilt wohl für alle!

## Guter Wille

Ich wollte gehen,
doch bin ich geblieben;
wollte gestehen,
hab nur geschwiegen.

Ich wollte vergeben
und tat mich rächen;
wollte lieben,
die Treu tat ich brechen.

Schwankender Wille
gibt mir Rat,
entschlossener Ungeist
führt meine Tat.

## Sprüche

Die kleinste Arbeit wird zur Plage,
machst du sie erst zur Doktorfrage.

Wer sagt denn, hier sei schwer zu tragen?
Gib lieber Acht, viel Mut zu haben!

Das Glück gibt es im Zauberlande
bei abgeschaltetem Verstande.

Versperrt der Plan mir freien Sinn,
so fehlt von Anfang an Gewinn.

Es klingt zwar etwas wunderlich,
der Teufel, ach, das bin ja ich!

Da die Gemeinschaft doch nicht rein,
tuts gut, auch mal allein zu sein.

Leg deine Stirne nicht in Falten,
nur Freude kann die Welt gestalten.

Wohlan, die Ruhe hat mich wieder,
so zwing ich meine Feinde nieder.

Ein jeder Tag hält Glück bereit,
find ich es nicht, enteilt die Zeit.

Läutre den Sinn durch Harmonie,
pflege ein schönes Gut: Die Sympathie.

## Winter

7. Febr. 45

Verwundertes Leben
duldet ergeben, ~~Euch~~,
Euch ~~die~~ Stürme der Winterszeit.
Braust Euer Heer
über Land und Meer,
kommt Ihr im weißen Kleid.

Unendliche Weiten,
undenkliche Zeiten
reicht Eure Macht.
Kristallner Schimmer
samt-weißer Flimmer,
eisige Pracht.

Menschen bitten,
in ihren Hütten,
geben jetzt Ruh.
Einsamen Wandersmann,
der nicht mehr weiter kam,
decket Ihr zu.

Erst wenn die Sonne steigt,
Strahlen mit Wärme zeigt,
zwingt es Euch nieder.
Zieht Ihr dann endlich fort,
bleibt Euer Abschiedswort:
„Wir kommen wieder!"

Erste Wärmestrahlen 4. März 1985

Nach vielen dunklen Wintertagen,
die mich bald ließen schon verzagen,
da brauch ich Luft und brauche Licht;
in meiner Hütte hält's mich nicht;
drum setze ich mich vor die Tür,
im Sonnenschein gefällt es mir.

Die Hühner, die mich hier umgeben,
beginnen wieder aufzuleben;
Geselligkeit ist ihnen eigen,
der Hahn liebt prächtig sich zu zeigen;
ein Scharren hier, ein Picken dort,
dann laufen sie ein Stückchen fort.

Vom Tier kann man die Ruhe lernen,
ein Kätzchen kommt, sich zu erwärmen
und es empfindet, so wie ich,
die ersten Strahlen wonniglich.

Mein Aug', hat Schönes aufgenommen,
läßt Mängel auch zu Worte kommen:
Hof und Gerät vom Schnee entkleidet,
mir diesen Anblick keiner neidet;
bei Glätte mochte man nicht laufen,
so liegt gar manches auf dem Haufen,
was da und dort wohl hingehört,
hier aber sehr die Ordnung stört.

Der Zaun hat etwas abbekommen,
ihm wurde manches Brett genommen,
und in den sturmbewegten Tagen
hat Ziegel es vom Dach getragen;
das Ärgste aber doch von allem,
die Scheune ist zusamm'gefallen,
die Balken liegen schon seit Wochen,
von Altersschwäche durchgebrochen.

Soll ich mich nun gleich wieder recken,
die Hände nach der Arbeit strecken?
Nein, fällt mir nicht im Traume ein,
es muß auch einmal Pause sein!
Wenn mir Besinnlichkeit gegeben,
darf ich mit Freude sie erleben,
schöpf' aus ihr neue Kräfte auch,
die ich in meinen Jahren brauch'.

3. August 85

Ich setz' mich auf die Wolke
und fliege mit;
ich weiß nicht wo es hingeht,
in flottem Ritt;
viel Täler, ~~steile~~ und viel Höhen
~~begleiten mich~~ sind mit dabei;
die Welt ist bunt und lustig,
und ich bin frei.

## Persönliches Nachwort

Martin Oehring war ein großer Geschichtenerzähler, davon wussten wir. Seine Geschichten waren originell, witzig und pointiert. Selbstironie war ihr Wesensmerkmal. Mich haben seine Geschichten immer fasziniert, so dass ich viele von ihnen in meinen ersten Roman *Fenster auf, Fenster zu* (2011) aufgenommen habe.
Auch von seinen Gedichten wussten wir. Aber wir kannten nur einen geringen Umfang der Gedichte, im Grunde nur einige wenige, die er bei Gelegenheit auswendig aufsagte. Es gab einen Ordner mit Gedichten. Dieser Ordner war über ein Jahrzehnt lang verschwunden durch die vielen Umzüge bzw. Pendeleien unseres Vaters zwischen verschiedenen Häusern. Ich fand den Gedichte Ordner in einer der hundert Bücherkisten, verborgen in der Bodenkammer in Neugersdorf beim Auflösen der „Bibliothek" 2021, also ein Jahr nach seinem Tode. Bei der genauen Durchsicht der handgeschriebenen Manuskripte und der Sortierung in chronologischer Reihenfolge wurde mir klar, dass es eine Epoche der Entstehung gab, nämlich die Jahre 1984-1988.

Eines der ersten Gedichte stammt aus dem Jahr 1984 und trägt den Zusatz *Paulshof*. Der kleine Hof in dem Berliner Vorort Altlandsberg bestand aus einem Stallhaus und einem kleinen Grundstück. Der Hof wurde nach einigen Verhandlungen für

12.000 Mark gekauft. Vater zog dort allein hin. Ich war nur ein- oder zweimal dort zu Besuch, da ich eine Ausbildung in Greifswald absolvierte (1984-88) und unser Vater den Hof später wieder aufgab. So war er nach den Jahren mit zwei Kindern, die er in Oberspree großgezogen hatte, plötzlich kein alleinerziehender Vater mehr. Er war mit 57 Jahren Single und an einen fremden Ort gezogen. Diese Zeit kann biografisch als Zeit der Krise und der Neufindung gesehen werden, er kämpfte mit dem Alter und der Einsamkeit. Freunde und Kinder hatten mit sich zu tun, seine Geschwister lebten im Westen, auch die Mutter.

Diesen biografischen Hintergrund in Augenschein zu nehmen ist wichtig, weil die meisten Gedichte innerhalb nur eines Jahres (1985) entstanden sind. Beinahe täglich kamen neue Gedichte hinzu, wie im Rausch. Allein am 15.06.1985 sind fünf Gedichte entstanden. An anderen Tagen nur eines, aber womöglich ein Langgedicht mit über 25 Strophen. Der kreative Schub wurde sicherlich durch die neue Lebenssituation ausgelöst. Ich erhielt in dieser Zeit viele Briefe ins Internat. Auch tauschten wir unsere Gedichte aus und besprachen sie bei unseren Treffen oder schriftlich. Es bestand ein reger Briefwechsel zwischen uns, seit ich nicht mehr in Berlin lebte. In einem der Briefe heißt es:

*„Meine hauptsächlichen Beschäftigungen sind hier heizen und Tiere füttern. Nebenbei mache ich natürlich*

*meine Verse und habe mir neuerdings wieder ein Akkordeon besorgt."* (Paulshof, den 14.03.1985)

Unser Vater hatte 25 Schafe, die er zeitweise im Pionierpark in der Wuhlheide hütete. Eine Scheune hatte er dort selbst gebaut. In Paulshof hatte er Ponnys, Schafe, ein Schwein namens Oskar und viele Mäuse im Haus. Er pendelte nach Berlin, wo er als Nachtwächter seinem Brotberuf nachging, hielt Oberspree als Familienstützpunkt aufrecht und war in gutem Kontakt zur ganzen Familie. Er nannte sich „Aussteiger", weil er bewusst seine berufliche Laufbahn abgebrochen hatte. Nach der Scheidung seiner zweiten Ehe waren der Vollzeitjob, die Verantwortung als Abteilungsleiter und sonstige gesellschaftliche Aktivitäten zu viel. Tatsächlich beschreibt die Selbstbezeichnung „Aussteiger" aber seine Grundhaltung gegenüber der Gesellschaft, dem real existierenden Sozialismus der 70er/80er Jahre, was man nicht zuletzt an den politischen Gedichten sehen kann.

Der 1. Mai - Tag der Arbeit und des Volkes - war ein Feiertag in der DDR, an dem man aufmarschierte. Es dürfte kein Zufall sein, dass ein Gedicht mit dem Namen „Volk" am darauffolgenden Tag datiert wurde und sicher an diesem Tag entstanden ist. Martin Oehring war kein angepasster Mensch, sondern bewusst Aussteiger aus einer Gesellschaft von Strebern und Heuchlern. Auch die Gedichte „Politik", „Bestechung" und „Sozialismus" - in kurzer Folge entstanden - zeigen diese kritische Haltung. „Die deutsche Krankheit" ist sogar von aktuellem Inhalt, denn das Gedicht beschreibt die Gier des Menschen und die ständige Zunahme der Empathielosigkeit. Spätestens hier wurde mir auch klar, dass die wiedergefundenen Gedichte mehr sind als private Erinnerungsstücke. Es sind poetische Zeugnisse eines Menschen, der fähig war zur Selbstreflexion und Reflexion der Gesellschaft. Er sah kritisch auf die Herde Mensch, die blind vor sich hinlebte oder sich Vorteile als Mitläufer versprach und verschaffte.

Das Gedicht „Abschied" handelt vom Sterben der Mutter. Bei ihrem letzten Besuch im Osten – die Mutter lebte inzwischen im Seniorenheim in Hannover – hatte der Sohn noch überlegt, sie zu sich zu nehmen und sie zu pflegen. Seine Mutter starb im Dezember 1986 im Pflegeheim.

Der Tradition der Balladen folgend, die seine Generation noch auswendig gelernt hatte, wurden mehrere Langgedichte verfasst. So hat *Satans Macht* 33 Strophen. Er konnte einige seiner Langgedichte auswendig. Unser Vater hat gern Familienfeiern oder Feten, wie beispielsweise die *Gipsfete 86*, dazu genutzt, um Gedichte vor Publikum aufzusagen. Ich erinnere mich an Punks, die zufällig auf dieser Fete gelandet waren, und die begeistert von dem „Aussteiger" sprachen, der seine Gedichte aufgesagt und seinen Hirtengesang angestimmt hatte.

„Vision“ beschreibt eine religiöse Erfahrung. Ich fing etwa in dieser Zeit an, mich mit christlicher Mystik zu beschäftigen, hatte Comenius, Silesius und Meister Eckhardt im Gepäck. Wir blieben fortan intensiv im Gespräch über Theologie und Mystik. Der Meister war ihm in dieser Zeit zu abstrakt-philosophisch, er fand Jakob Böhme besser und sprach mir gegenüber von eigenen Visionen. Es ging ihm um die eigene Erfahrung. Auch das Gedicht „Seele“ folgt der mystischen Tradition in Form und Inhalt.

Die Sprüche kamen wie Geistesblitze und wurden bewusst kultiviert. Mit verschmitztem Gesicht hatte unser Vater immer einen Spruch auf Lager, wie man sagt. Kennst du schon den Spruch, fragte er öfter. Natürlich eine rhetorische Frage, auf die der Spruch sofort folgte. Auf dem Blatt mit den Sprüchen von 1985 steht auf der Rückseite ein Zitat. Es ist ein Spruch von Wilhelm Busch, den er sehr verehrte. W. Busch: „Wenn jemand lacht, wo man betrübt, der macht sich meistens unbeliebt.“ Das war die Ironie, die er liebte und im Innersten verstand. Wilhelm Busch hat uns als Kinder begleitet, viele Verse kannten wir auswendig. Es ist keine Frage, dass die Art zu reimen an Busch anklingt. Bei unserem letzten Besuch in Neugersdorf kauften mein Vater und ich ein Wilhelm Busch Album in der dortigen Buchhandlung, um an den Abenden gemütlich daraus vorzulesen.

Niemand von uns beiden ahnte an diesen Abenden, dass der verloren geglaubte Ordner mit den Gedichten unterm Dach dieses Hauses ruhte.

Manuela Fuelle

## Lebenslauf

26.11.1928 Martin Oehring wird in Berlin geboren. Mutter Luci, geb. Hinze, Fabrikantentochter. Sein Vater, Walter Oehring, von Beruf Buchbinder fällt 1943 im Krieg. Er hat zwei Schwestern. Volksschule 1935-39/ Oberschule 1939-47. Unterbrechung der Schule durch Einberufung des Sechzehnjährigen von Jan.-Mai 1945.
1952 Dipl. Ökonom, Humboldt-Universität.
1952-54 VEB Eisenhüttenkombinat Ost, Fürstenberg-Oder, 1954-55 VEB Werk für Fernmeldewesen Berlin
1955/56 Leiter Betriebsabrechnung VEB Herrenbekleidung, 1956-58 Hauptbuchhalter im Magistrat.
1956 - Eheschließung mit Gudrun, geb. Friedrich. Geburt der Tochter Regina. Die Ehe wird geschieden.
1959-69 Instrukteur im Erfindungs- und Patentwesen
1963-65 Redakteur u.a. der Zeitschrift „der neuerer“.
1965 Prüfung zum Mechaniker abgelegt.
Ehe mit Karin, geb. Becker, die ihm drei Kinder schenkt. Manuela (1963), Sabine (1964) und Liane (1966). Nach der Scheidung 1968 wird er in Oberspree zwei der Töchter allein großziehen.
1969-75 Leiter BfN im BAE, (1975-77) Mitarbeiter
1977-83 Heizer in der Schauspielschule „Ernst Busch“, später Hausmeister und Heizer im Bereich Puppenspiel
Im Zeitraum 1980-86 Schäfer im Pionierpark, Nachtwächter Konsum, 1984 Paulshof gekauft.
1984-88 Entstehungszeit der Gedichte.
1989 Nachtwächter „Mecklenburger Dorf“ in Köpenick und Kaufmann. Erwerb des Hauses in Oberspree.
Ab 1993 Rentner, Steuerberater. Erwerb von Grundstücken und den Immobilien in Badeleben und Neugersdorf (2008).
Gest.am 28.07.2020 in Berlin.

# INHALTSVERZEICHNIS

Vertrauen ........................................................ 6

Du ........................................................ 6

Willenlos ........................................................ 7

Trauer ........................................................ 7

Vision ........................................................ 8

Versäumtes Glück ........................................................ 9

Hausherr ........................................................ 9

Deutsche Krankheit ........................................................ 13

Die alte Lokomotive ........................................................ 14

Wotans Reich ........................................................ 16

Winter ........................................................ 19

Meine Tat ........................................................ 20

Allein ........................................................ 20

Sommervolk ........................................................ 21

Satans Macht ........................................................ 22

Wiedersehen mit Ulli ........................................................ 28

Mein Weg ........................................................ 30

Der Weg nach Lobotschin ........................................................ 32

Erste Wärmestrahlen ........................................................ 40

Streit ........................................................ 41

Satans Dank ........................................................ 42

Hektik .......... 48
Ausflug .......... 49
Gleichgewicht .......... 50
Sport .......... 51
Volk .......... 53
Der Sommer kommt .......... 54
Gemeinschaft .......... 55
Einsamkeit .......... 55
Spätheimkehrer .......... 56
Alt .......... 57
Treue zum Volk .......... 57
Treue .......... 57
Alter .......... 58
Freiheit .......... 58
Neubeginn .......... 59
Seele .......... 59
Gefangen .......... 60
Seele .......... 61
Schaltungsfehler .......... 61
Rechtes Maß .......... 61
Mein Platz .......... 62
Mein Königreich .......... 62

Festgefahren ..................................................... 63
Unvermögen ..................................................... 64
Kampf der Gegensätze ..................................... 65
Macht ................................................................ 65
Politik ............................................................... 65
Leben ................................................................ 66
Schwung .......................................................... 66
Bestechung ...................................................... 67
Sozialismus ...................................................... 67
Arglos ............................................................... 67
Gefährtin gesucht ............................................ 68
Wozu ................................................................. 68
Zum Schluss ..................................................... 71
Nun fühl ich Sommer ....................................... 72
Die Wolke ......................................................... 73
Zeit und Glück ................................................. 73
Betrogen ........................................................... 73
Herbst ............................................................... 74
Nun ................................................................... 75
Rückblick .......................................................... 75
Mein Hund ........................................................ 76
Am Leben .......................................................... 76

Die andere Welt ........ 76
Die Felsengrotte ........ 77
Im Menschen ........ 78
Paulshof ........ 78
Abschied ........ 79
Kern und Schale ........ 80
Mein Schicksal ........ 80
Klärung ........ 82
Für Eli ........ 83
Es muss etwas passieren ........ 83
November 85 ........ 83
Leicht läuft es sich ........ 84
Klage gegen den Verstand ........ 86
Abwärts ........ 87
Ruhelos ........ 87
Ich kann nicht bleiben ........ 88
Ordnung und Chaos ........ 88
Heute ........ 88
Geschafft ........ 89
Fliegentöter ........ 90
Der Klappsmann ........ 94
Depression ........ 97

Man hat ein Bild .............................................. 98
Stille ................................................................ 98
Mit Ruhe .......................................................... 99
Dieser Tag ...................................................... 101
Warm oder kalt ................................................ 101
Versuchung ..................................................... 102
Es gibt ein Maß ............................................... 102
Sieg .................................................................. 104
Guter Wille ...................................................... 104
Sprüche ............................................................ 105
Persönliches Nachwort ................................. 111
Lebenslauf ...................................................... 117